Le Rhin raconte ses Légendes

Raconté par Dr. Eugen Hollerbach

W0176865

KLAUS RAHMEL-VERLAG
5024 PULHEIM (KÖLN) - TELEFON: 02238 / 7709

Idée et adaption générale: Renate Rahmel
Illustrations: B. et E. Wetteroth
Illustrations: Herbert Pohlner
Imprimé par: Graphische Kunstanstalt Horst Ziethen
ISBN 3-926526-46-7

Contenu

LE RHIN RACONTE SES LÉGENDES

Autrefois mes eaux étaient encore beaucoup plus sauvages et plus capricieuses qu'aujourd'hui. Les saumons, les truites, les brochets et les sandres s'y ébattaient et le long des îles fourmillaient les anguilles. Les écrevisses grouillaient sur les galets luisants et le sable fin. Et si dans la main on tenait ce sable contre la lumière, l'on pouvait voir, si l'on avait de la chance, de petits éclats scintillants. Car mon lit était parsemé d'or. Il y a encore deux cents ans on pouvait voir de ci de là sur mes rives des laveurs d'or qui tamisaient patiemment mon sable pour extraire les paillettes brillantes de métal. Comme les gens avaient encore plus de temps qu'aujourd'hui, c'était pour certains une occupation qui rapportait. Car ce que les Burgondes et les Mérovingiens, jadis habitants de ma vallée, ont eu comme bijoux en or, ils me le doivent. Leurs princes étaient fabuleusement riches. Vous n'avez qu'à regarder dans vos musées ce que leurs morts ont emporté dans leur tombe.
Avant qu'ils ne viennent et avant leurs prédécesseurs, les Celtes et les Romains, qui m'ont apporté la viticulture, il en allait autrement sur mes rives. Des géants habitaient le Hunsruck et descendaient sur mes bords pour s'y baigner. Le Taunus foisonnait de nains. Des dragons crachant le feu habitaient de sombres cavernes. Les nains étaient des artisants habiles qui savaient travailler l'or et l'argent à la perfection et qui, bien avant vous les hommes, connaissaient les endroits où les pierres précieuses luisaient dans la roche stérile. Les géants venant de leurs montagnes ont descendu mon cours, ils ont amoncelé

le massif du Siebengebirge et l'ont laissé à la garde du dragon. Ils ont avancé loin dans la plaine, ont infesté le Gelderland et ont voulu barrer le cours de mes eaux. Ce qu'ils avaient traîné comme sable et comme pierres a formé la montagne d'Elten. Ils n'ont pas réussi à réaliser leur désir grâce à l'attention de mes fils.

Dans mes jeunes années, en dehors de toutes sortes de vers grossiers et de monstres lourdauds, sans compter les nains agiles, beaucoup de femmes ravissantes ont, elles aussi, recherché mes parages : des fées, des nixes et comme le veut la multiplicité de la nature féminine, aussi de belles démonnes. J'ai eu raison de tout ce monde, car je ne manque ni de force, ni même d'impétuosité à l'occasion.

C'est seulement lorsque vous, les hommes, vous êtes aventurés dans mes étranglements que beaucoup de choses ont changé. Vos héros se sont attaqués aux dragons, les ont terrassés et complétement exterminés. Mais ce carnage fit apparaître les dragons de la discorde. Des hommes ont volé aux nains leurs trésors. Mais ils en ont eu plus de douleur que de joie et à la fin ils ont tout dilapidé. Car sur l'or pesait une très vieille malédiction. A cause de l'or, des rois sont morts, des héros ont couru à leur perte ; de fières dames s'en sont parées et ont fait offrande de maints bijoux précieux à des églises et des chapelles, où ils n'étaient pas non plus en sûreté devant les voleurs. Pour l'or et pour sa valeur, les châteaux se sont transformés en nids de pillards, ont été assaillis et brûlés. Plus tard ils se sont relevés de leurs ruines noires de fumée, ils se sont parés de tableaux aux vives couleurs et de tapisseries précieuses, ils ont

vu les noces de princes et de rois et ont entendu les glas lugubres.Quelques châteaux sont retombés en ruines et sont pour le hâtif visiteur d'aujourd'hui les témoins d'une histoire riche en vicissitudes. D'autres par contre sont très bien conservés et on peut aujourd'hui encore visiter leur intérieur.
Et toujours dans vos mains, à vous, les hommes d'aujourd'hui, tressaille traîtreusement la convoitise de l'or des temps anciens et dans votre sang circule quelque chose de la turbulence des géants d'autrefois que vous aviez cru avoir maîtrisés depuis longtemps et avoir décimés.
Ecoutez-moi, quand je pense aux jours passés !

Le Rhin raconte:

SIEGFRIED ET KRIEMHILDE

Entre la Forêt-Noire et les Vosges je me suis creusé avec bonheur mon doux lit. Il fait bon y être et mes rives sont d'un beau vert. Les Burgondes y ont aussi séjourné. Ils sont venus sur mes bords après le départ des Romains. Ils ont regardé avec étonnement mes arbres fruitieres et mes vignobles qui leur étaient inconnus. Ils ont vu aussi du bétail à moitié sauvage dans les prairies, des maisons et des fermes vides et ils n'ont rencontré nulle part des gens leur interdisant de s'établir là. C'est ce qu'ils ont fait et ils ont rempli la vieille cité de Worms d'une nouvelle vie. Trois frères se sont partagé la dignité de roi: Gunther, Gernot et Giselher. Ils avaient pour soeur la belle et blonde Kriemhilde.

Bientôt on vit venir de partout des prétendants. Ils apportaient de l'or et des bijoux en cadeaux de noce. Mais si Kriemhilde regardait l'un ou l'autre dans les yeux, il ne soutenait pas son regard, tant l'éclat l'éblouissait. Kriemhilde confiait alors à sa mère Ute dans les appartements réservés aux femmes: „Ce n'est pas à lui que je donnerai mon coeur!" Alors Ute baissait la tête et pensait: "On peut seulement rêver d'un héros de conte de fée."

Pourtant un beau jour le rêve de Kriemhilde devint réalité. Venu du Nord, un jeune homme blond arriva à cheval le long de mon cours. Il était fort et bien bâti, et un nombre imposant de chevaux le suivait. Ils portaient sur leurs dos des sacs en cuir pleins à craquer. Et j'aurais pu dire exactement à Kriemhilde ce qu'il y avait dedans et aussi qui il était, mais je n'ai pas voulu la priver de la joie de poser des questions.

Il avait grandi sur ma rive gauche dans une région assez lointaine : à partir de Worms il fallait plus de trois jours en bateau pour atteindre la vieille cité romaine de Xanten. C'est là que règnait le roi Siegmund, son père. Son nom était Siegfried et lorsqu'il eut appris à maîtriser un cheval et à se servir d'une arme, il décida de remonter mon cours. Il voulait savoir d'où venaient toutes mes eaux. L'appel de son destin était plus fort que les prières de ses parents : ,, Reste auprès de nous ! Un jour tu hériteras de la couronne royale !" Cependant elle ne lui était pas destinée, car le père a survécu à son fils. Mais par contre le nom de notre jeune héros est aujourd'hui encore connu de tous.

Kriemhilde se trouvait sur le balcon du château royal de Worms lorsque Siegfried apparut à cheval sur les rives du fleuve. Les longs cheveux blonds de Kriemhilde flottaient au vent. Elle n'avait d'yeux que pour l'arrivant. Elle n'accorda pas la moindre importance aux présents qu'il apportait. Mais lui ne leva même pas la tête pour la regarder. Son regard restait fixé sur les tours du château royal, sur les murailles, les créneaux et la large porte fermée.

Comme il était de sang royal, on le fit entrer. Et on lui permit de se mesurer au cours d'un tournois avec les trois rois des Burgondes : il fit alors preuve de sa force et de son habileté. Kriemhilde les regardait avec grand intérêt en train de se me-

surer à l'épée, au saut en longueur et en course. Puis tous se retrouvèrent devant un feu de bois, où ils se sont mis à boire et à festoyer. Le roi Gunther invita Siegfried qui accepta volontiers de rester. Bientôt Siegfried fut séduit par la soeur des trois rois des Burgondes.
Pour notre jeune héros le séjour dans le château royal ne fut pas long grâce à la chasse et à la pêche. Il y avait tous les soirs une raison de fêter ; que ce soit le plus grand saumon qu'il avait pêché ou le cerf qu'il avait tué à coup de lance et qui rôtissait sur la broche en embaumant. Siegfried prit l'habitude avant de se coucher de faire encore une promenade à travers la roseraie en fleurs du château. Là il écoutait le doux chant du rossignol car c'était l'été et son coeur brûlait d'amour.
Un soir il entendit des pas légers dans l'obscurité. Comme il s'était caché pour écouter, il vit Kriemhilde au clair de lune. Son pouls se mit à battre plus vite. Il saisit sa main et elle ne la lui refusa pas. Puis il l'embrassa sur le front, la pressa contre sa poitrine et lui avoua son amour. Elle lui demanda tout ce que désirent savoir ceux qui s'aiment. Mais lorsqu'elle lui caressa son bras nu, elle s'effraya. La peau qu'elle touchait lui semblait étrange, presque comme si elle n'appartenait pas à un être vivant.
Il dut lui en dire la raison. Après un combat surhumain alors qu'il était à Königswinter sur le Rhin sur le Drachenfels, il avait tué un dragon. Le sang coulant des blessures du monstre se coagulait et formait une sorte de corne impénétrable. Siegfried se baigna dedans et devint par là invulnérable. Il avait arraché au nain Alberich le fabuleux trésor des Nibelungen et

l'avait alors caché dans le Drachenfels, c'est-à-dire la grotte du dragon. Il l'offrit à Kriemhilde en cadeau de noce et l'embrassa longtemps et tendrement. Alors elle posa la question suivante : ,, Est-ce qu'il y a vraiment de la corne partout sur ton corps ?" Siegfried hésita et finit par lui montrer l'endroit entre ses épaules, où une feuille de tilleul s'était collée sur son dos. A cet endroit le sang du dragon n'avait pas recouvert sa peau. Elle y posa sa tête en tremblant.

Lorsqu'il demanda sa main le lendemain, le roi Gunther, son frère, posa une condition. Il voulait lui-même chercher femme et Siegfried devait l'accompagner pour porter son bouclier. Après leur retour on devait fêter un double mariage. Siegfried accepta avec joie. Il accompagna Gunther au bateau partant pour l'Islande, où l'attendait une belle reine, la brune Brunhilde.

Elle règnait sur le pays des volcans. Avant Gunther beaucoup de prétendants étaient venus la voir et avaient perdu la vie en luttant contre elle, car ils n'avaient pas pu la vaincre. Brunhilde s'avança vers Gunther avec fierté et sûre de sa victoire. Gunther eut peur de la force de la reine. Il ne pouvait plus revenir en arrière, c'est pourquoi il demanda à Siegfried de l'aider. Le combat devait avoir lieu le lendemain. Siegfried alla chercher du bateau la cape rendant invisible qu'il avait autrefois prise aux nains. La cape le rendit invisible et il put aider Gunther dans le combat contre Brunhilde, sans être reconnu lui-même. Gunther ne résistait pas aux assauts terribles de Brunhilde. Et lorsque Siegfried s'en rendit compte, il brisa la résistance de Brunhilde qui tomba par terre. Brunhilde dut céder à Gunther la souveraineté de son pays et le suivre à Worms comme fiancée. A leur retour Siegfried chercha le trésor des Nibelungen qu'il donna à Kriemhilde en cadeau de noce et on célébra le mariage. En même temps Brunhilde fut unie à Gunther. Dans la nuit de noce Brunhilde provoqua en duel une deuxième fois Gunther pour se persuader véritablement de sa force. Après un bref combat elle le maîtrisa, le ligota aux mains et aux pieds et le laissa jusqu'au lendemain matin couché sur le sol de la chambre. Lorsqu'elle l'eut libéré, Gunther alla voir Siegfried et lui raconta sa mésaventure. Siegfried finit par lui promettre son aide. La nuit suivante Siegfried s'introduisit à l'aide de sa cape magique dans les appartements de Brunhilde. Lorsque celle ci apparut, il la maîtrisa et lui enleva à son insu sa ceinture et sa bague, qu'il donna le lendemain à Kriemhilde.

A Worms la fière Islandaise commença en pensée à comparer Gunther avec Siegfried. Elle sentait bien que le héros de Xanten était plus fort et elle enviait sa belle-soeur, la blonde Kriemhilde ! Tout son dépit éclata, lorsqu'un matin les deux femmes descendirent l'escalier pour se rendre à la cathédrale. Brunhilde voulait avoir le pas sur Kriemhilde, la femme du vassal. Alors la blonde Kriemhilde révèla brutalement à la brune Brunhilde la vérité : ce n'était pas Gunther qui l'avait maîtrisée, mais bien Siegfried. Comme preuve elle montra la bague et la ceinture de Brunhilde et elle pénétra la première dans la cathédrale.

Cette offense était fatale. Gunther se vit obligé de chercher à obtenir réparation pour Brunhilde. Il mit son maître d'armes, le sombre Hagen, dans la confidence. Ils mirent vite sur pied un plan devant perdre Siegfried. Ils l'invitèrent à se rendre avec eux à la chasse dans l'Odenwald. Avant de partir, Hagen alla trouver Kriemhilde. Il fit semblant de se déclarer soucieux de la vie de Siegfried : ,,La forêt est pleine de danger", lui déclara-t-il pensivement. ,,Un bison furieux est plus fort que dix hommes résistants !" La blonde princesse se moqua de lui. ,,Siegfried est invulnérable !", lui révéla-t-elle. Lorsque Hagen en douta perfidement, elle lui raconta l'histoire de la mort du dragon. ,,Siegfried s'est baigné dans le sang du monstre, Hagen ! Cela a rendu sa peau invulnérable, partout sauf à un seul endroit." Et elle lui raconta aussi l'histoire de la feuille de tilleul. Maintenant Hagen savait où Siegfried était vulnérable. Après une chasse effrénée Siegfried se pencha vers une source pour apaiser sa soif. Alors Hagen lui planta traîtreusement un épieu dans le dos entre les épaules. Siegfried dans un ultime effort se retourna et vit que le regard de Hagen exprimait une haine mortelle. Il se vida de son sang et les Burgondes posèrent son corps sur le mulet qui devait rapporter le gibier abattu. Dans le château à Worms, Gunther et Hagen déposèrent le mort devant la porte de Kriemhilde. Elle le trouva déjà froid et raide sur le seuil de son appartement, lorsqu'elle voulut se rendre à l'église le matin. En hurlant elle s'effondra sur le sol. Ses frères ne voulaient pas lui dire la vérité. ,,Nous l'avons trouvé assassiné par des bandits près de la source", lui racontèrent-ils maladroitement. Cependant ils ne regardaient pas franchement et leurs visages étaient d'une pâleur révélatrice. Kriemhilde comprit qu'ils savaient qui était le meurtrier. Elle

exigea un jugement de Dieu, chose qu'ils ne purent lui refuser. Siegfried fut exposé devant l'autel et tous ceux qui faisaient partie de la cour durent passer devant le corps. Lorsque ce fut au tour de Hagen, la blessure mortelle se remit à saigner. Kriemhilde eut donc la certitude que Hagen était le meurtrier de Siegfried. Elle exigea de ses frères la tête de l'assassin. Ils refusèrent. Cependant Hagen comprit qu'elle était fermement décidée à l'obtenir. Pour l'empêcher de se venger, il alla chercher en cachette le trésor des Nibelungen et le jeta la nuit dans mon lit à un endroit plein de récifs et de tourbillons. Jamais on n'a revu le trésor funeste ; j'y ai veillé.
Kriemhilde fit enterrer son époux dans le cloître de Lorch. Durant treize ans elle a vécu près de son tombeau, ne songeant qu'à se venger. Or un jour un prétendant hongrois s'intéressa à elle. Le roi Attila avait entendu parler de la beauté de la princesse burgonde et de la richesse de sa famille. Il voulut la prendre pour femme. Elle suivit ses messagers et devint la femme du puissant prince des Huns, non par amour, mais pour enfin pouvoir se venger.
Elle avait su séduire le roi des Huns. Lorsqu'elle fut tout à fait sûre de lui, elle invita ses trois frères à un baptême. Les rois ne voulurent pas croire à l'avertissement de Hagen. Armés comme pour se rendre à la guerre, mais dans un dessein pacifique, ils se rendirent avec toute leur suite à la cour d'Attila. Ils trouvèrent là des vêtement somptueux pour chacun d'eux. Sur le conseil de Hagen ils les enfilèrent sur leurs armures. La table du festin était pleine de mets et de cruches de vin.
Mais Kriemhilde sut provoquer une querelle entre les invités

et les hôtes. Soudain on dégaina les armes. Les Burgondes durent lutter pour sauver leur vie. Ils parvinrent à se frayer héroiquement un chemin sanglant à travers la foule des Huns. Mais avant qu'ils n'aient pu quitter la salle et disparaître dans la nuit, Kriemhilde fit mettre le feu aux tapisseries et aux boiseries du plafond. Au milieu de la fumée et des flammes, les rois des Burgondes, blessés de partout, livrèrent leur dernier combat. Hagen finit lui aussi par tomber. Kriemhilde le décapita de sa propre main. Ell était maintenant vengée. Mais elle ne put pas jouir de sa vengeance, car Hildebrand horrifié, le maître d'armes de l'allié d'Attila, le roi des Goths, la tua elle aussi.

La chanson de geste des Nibelungen, le plus grand chef-d'oeuvre médiéval en langue allemande, a immortalisé le déclin des Burgondes. J'ai bien souvent durant de calmes nuits d'hiver écouté les troubadours raconter cette épopée dans les châteaux situés sur mes rives. Ils évoquaient la beauté et l'héroisme, l'amour qui par delà la mort et la distance a duré plus d'un demi-millénaire, mais aussi la haine et la vengeance d'une femme à qui l'on avait ravi cruellement le bonheur de sa vie.

Le Rhin raconte:

L'ORIGINE DES ARMOIRIES DE MAYENCE

Celui qui voudrait, en un jour, se rendre en bateau des trois rois de Worms aux trois Rois mages de Cologne, peut se lever de bonne heure. Je l'y emmène, certes, sans l'obliger à suer sang et eau, en l'espace de dix heures. Mais l'homme a aussi besoin de boire, de manger et de faire la pause. Toutefois, le batelier qui ne désire m'accompagner que de Worms à Mayence, ne me tient compagnie que pendant deux heures seulement. Arrivé à destination, le bon chrétien a de la peine à ne pas compromettre son salut. Car Mayence, tout comme la sainte ville de Cologne et la ville alémanique de Fribourg, est devenue céèbre par des disciples de la magie noire. A Fribourg, un alchimiste du nom de Schwarz a inventé la poudre à canon. Mayence est le berceau de la ,,magie noire", surnom donné à l'imprimerie. Quant à Cologne, elle doit une partie de son renom au magicien et théologien Albert le Grand.
Voilà que je me suis laisé aller au bavardage. Jadis, je recevais souvent la visite de quelqu'un de Mayence; il y avait été archevêque, certes, mais n'avait pas tardé pourtant à acquérir la réputation de s'adonner à la magie noire, et cela un demi-millénaire avant Gutenberg. Il s'appelait Willigis et était né dans une famille de petites gens: son père avait été charron, un brave artisan, à une époque où il était quand même difficile de dire : il n'est si petit métier qui ne nourrisse son homme ! Wil-

ligis fut élevé dans des conditions modestes, mais il avait l'esprit très éveillé et put, grâce à ses seules facultés, entreprendre des études de théologie chrétienne. Une fois la carrière de théologien ouverte, il en gravit tous le échelons en un clin d'oeil et obtint l'archevêché de Mayence avant même que des fils de grandes familles nobles n'eussent pu devenir chapelains.
Plusieurs d'entre eux ne purent le supporter. Seule la diffamation pouvait anéantir Willigis. Ceux qui l'enviaient racontèrent donc que si Willigis avait si bien réussi, c'est qu'il n'avait pas emprunté le droit chemin, qu'il avait eu recours à la magie noire, à des artifices, à une alliance avec le diable, bref, à tout ce qu'aiment entendre les pauvres d'esprit sur ceux qui ont été plus habiles qu'eux. De mauvaises langues parlèrent d'une pièce secrète où le prince de l'Eglise tenait conseil avec le diable en chair et en os.
Lorsque ces bruits –ils pouvaient, à l'époque, avoir de terribles conséquences– parvinrent aux oreilles de l'empereur dont les conseillers et le chancelier étaient alors les archevêques de Mayence, il voulut en avoir le coeur net. Il demanda instamment à Willigis de lui montrer le cabinet secret dont il ressortait toujours rempli de forces nouvelles. L'archevêque satisfit, de mauvaise grâce, à la demande du souverain. La porte fermée à trois tours de clef s'ouvrit, à la surprise de l'empereur Otto II, sur une pièce pratiquement vide. Il n'y avait en effet qu'une charrue et deux roues, et rien de plus. Il y avait également deux roues peintes sur le mur avec cette inscription:
„Willigis, Willigis,
N'oublie pas de qui tu fus le fils!"

L'empereur comprit alors d'où l'archevêque puisait sans cesse son énergie. Il n'éprouva plus jamais de méfiance à son égard, il n'a jamais dévoilé son secret. Il accorda au fils du charron l'autorisation d'avoir comme armoiries les deux rouges rouges. Comme elles étaient tout ce que Willigis, fils de pauvres, possédait ici-bas, l'archevêque les légua, avant de quitter ce monde, à la ville de ses ancêtres. Aujourd'hui encore, près de mille ans après sa mort, ces deux roues sont restées dans les armoiries de ,,Mayence la dorée".

Le Rhin raconte:

LA FILLE PRÉFÉRÉE DE L'EMPEREUR CHARLES

Près de la petite ville d'Ingelheim, dans le Rheingau, Charlemagne, roi des Francs, s'est fait construire un palais, qui devint bientôt son lieu préféré de résidence. C'est là qu'il vivait, lorsque les Saxons ne l'obligeaient pas à partir en guerre. Et il savait vivre. Il aimait le vin et les femmes. On ne peut pas dire qu'il se soit contenté d'une seule. Cinq femmes lui ont donné des enfants, dont il s'est occupé paternellement.
Emma que lui avait donnée une Romaine ardente était sa fille préférée. Elle a grandi à Ingelheim. Il ne lui a pas donné de moindre maître que son conseiller et écrivain privé Einhart. C'était un homme très cultivé et pourtant encore jeune qui, comme le roi Charles, était de belle stature. Il jouissait d'une confiance illimitée qu'il n'a jamais déçue, sauf une seule fois. Et cela lui est revenu cher.
Emma se révélait être par beaucoup de côtés la fille de sa mère, en un point tout spécialement. Elle était d'une nature qui prenait feu et son coeur était plus facile à allumer que le bois des vignes sèches. Seulement ce n'était pas un feu de paille quand il était en flammes. Einhart lui témoignait toute la réserve qu'il jugeait devoir à la fille de son maître et seigneur. Mais lui non plus n'était pas en pierre. Et lorsque la jeune fille commença à avoir un charme de plus en plus féminin, il lui parut de jour en jour plus difficile de l'enseigner.

Il est peu probable que cela ait été plus facile pour Emma de l'écouter calmement. Elle doit lui avoir fait les yeux doux, d'abord en toute innocence, mais sûrement pas longtemps. Il devint l'homme de ses rêves, son idole et enfin son amant. Ils ont tous les deux gardé le silence tout naturellement. La vie à la cour vous enseigne cela. Et ainsi leur bonheur en amour est resté longtemps caché.

Mais par un très tôt matin d'hiver, alors qu'Einhart voulait quitter secrètement les appartements des femmes du palais royal, il avait neigé. Les traces de pas d'un homme auraient trahi leur secret. Emma ne pouvait pas davantage garder caché son amant dans la journée. Elle le porta donc avec sa ruse féminine à califourchon sur son dos à travers la cour du château. Et ce fut leur perte à tous les deux.

C'était une nuit de pleine lune et jamais le roi ne trouvait le sommeil par des nuits si claires. Lorsqu'il entendit dans la cour des chuchotements, puis des pas, il s'approcha de sa fenêtre. Et il vit sa fille préférée portant à travers la cour un homme sur son dos. Et il reconnut aussi que l'objet de cette faveur en avait une autre pour condition. De plus il devait faire attention de ne pas faire de bruit. Einhart était orphelin d'un prince saxon. Cela aurait été l'assurance de sa mort, si l'on faisait connaître que justement lui avait levé les yeux sur la fille du roi des Francs. Mais le roi Charles ne voulait pas rendre malheureuse sa fille préférée.

Il n'y avait qu'un seul moyen de se tirer de là. Le roi manda de bon matin Einhart seul devant son trône. Et à lui, son conseiller, il posa sombrement la question : ,,Qu'est-ce qu'a mérité une fille de sang royal pour avoir accueilli la nuit un homme étranger chez elle dans les appartements réservés aux femmes ?" Einhart eut peur. Il avait honteusement trompé la confiance de son maître et cela il le comprit soudain. Et au sujet de son propre destin le roi ne lui avait rien demandé. Il était perdu. Il fallait tout faire pour sauver sa bien-aimée. Einhart prit son courage pour répondre d'une voix ferme : ,,Seigneur, là où s'égare l'amour que vous soit recommandée la clémence envers le sexe faible !"

Mais à ce moment la voix puissante du roi Charles retentit à ses oreilles : ,,Et l'élu qui se faufile la nuit dans la chambre de la fille de son maître ? Qu'a-t-il mérité ?" Einhart connaissait la seule réponse qu'il devait au roi. ,,La mort", dit-il et il baissa la tête comme sur le billot.

Le grand seigneur se leva de son trône et fit signe à Einhart de le suivre. Dans l'antichambre il ouvrit une porte. Emma en sortit et un regard sur le front rouge de courroux de son père et sur le pâle visage de son bien-aimé lui apprit tout. Elle plia le genou devant le roi. ,,Grâce, père chéri ! Il est davantage pour moi que le monde entier !" Einhart s'agenouilla aussi devant son roi et implora aussi pour obtenir grâce.

L'amour n'était pas étranger au roi des Francs. Il ferma les yeux et réfléchit longuement. ,,On ne doit pas séparer ceux qui s'aiment", dit-il enfin péniblement. Il lui fut encore plus difficile de continuer à parler. ,,Mais vous êtes bannis de près de moi. Echangez les anneaux et acceptez ma bénédiction. Mais ensuite partez aussi loin que vous porteront vos pieds !" Derrière lui la porte se ferma. Les amants étaient seuls et ils

s'étreignirent en pleurant. Le lendemain ils quittèrent tous les deux le château d'Ingelheim et se mirent en route vers l'inconnu.

Ensuite le roi Charles n'est pas revenu à son château pendant des années. Le soulèvement des Saxons le contraignit à intervenir. La maladie le retint aux sources thermales d'Aix-la-Chapelle. Pour être couronné empereur il alla à cheval à Rome. Le temps passa et la tête de l'empereur était devenue grise. Trois marches du trône de plus le séparaient de ses nouveaux conseillers. La familiarité avec Einhart n'était plus qu'un souvenir. Son coeur était devenu solitaire. Il avait envie de jeunesse. La seule distraction qui lui faisait quitter la sévère dignité de ses murs du palais, c'était maintenant la chasse. Pour elle il revint régulièrement à Ingelheim dans le somptueux palais impérial.

Comme au temps de Siegfried, l'Odenwald était toujours le terrain de chasse le plus giboyeux des alentours. Ainsi ce jour-là l'empereur passa de nouveau à cheval par dessus le Rhin, pour chasser le cerf et l'ours, le chevreuil et le sanglier. Et il arriva au puissant seigneur que sa passion de la chasse le sépara de ceux qui l'accompagnaient, comme au temps de sa jeunesse. Le cerf capital qu'il convoitait, avec des bois à vingt ramifications l'entraîna comme par une force magique derrière lui, toujours plus loin, dans une course infatigable, jusqu' à l'eau large et dangereuse du Main.

Maintenant la chasse était finie. Le cerf nagea sans peine pour traverser le fleuve. L'empereur ne pouvait pas et ne devait pas le suivre. Il commençait à faire sombre. La région était complètement sauvage et aussi inconnue du chasseur qu'un pays de rêve. Il commença à se demander où il pourrait passer la nuit. Mais bien mince était l'espoir de trouver un toit protecteur.

Alors que les premières étoiles s'allumaient au ciel, l'empereur Charles vit au loin une lumière minuscule. Prudemment il s'y rendit à cheval et arriva enfin à une cabane en bois. Elle était éclairée, donc habitée. Après qu'il eût frappé à la fenêtre, un grand homme à barbe blonde sortit. Le puissant seigneur lui demanda l'hospitalité, sans se nommer. Il s'était perdu à la chasse, expliqua-t-il.

L'homme le fait entrer. Dans la pièce est assise une jeune femme avec un enfant. L'homme et la femme se regardent à la hâte. L'empereur refuse tout rafraîchissement. Mort de fatigue il se laisse tomber sur une litière de feuilles sèches, recouvertes de fourrures. Il rumine en pensant à autrefois. Lui aussi a eu une jeune femme. Et elle aussi a tenu un enfant sur ses genoux. Comment s'appelait-il donc ? C'était Emma. Comme c'était loin ! Et qu'est-ce qu'il avait bien pu advenir de la petite fille d'autrefois ? Il continuait à songer. C'étaient des pensées pénibles.

Il sursauta lorsque l'enfant se tint devant lui. Une petite fille d'à peine cinq ans, d'après ce qu'il croyait. Elle lui présentait sa petite main d'enfant pour le saluer. Et alors le vieil homme demanda doucement: ,,Comment t'appelles-tu, mon enfant ?" Elle répondit sans aucune gêne d'une petite voix claire : ,,Emma !" Les larmes montèrent aux yeux de l'empereur.

Est-ce que les parents de l'enfants n'étaient pas aussi devant

lui ? Et est-ce que des larmes ne coulaient pas aussi de leurs yeux ? C'était comme un rêve. Il les avait de nouveau, la fille perdue, la chérie des temps lointains et le fils perdu. Oui, c'étaient eux, Emma et Einhart, Einhart et Emma. Ils l'embrassèrent et il les serra dans ses bras.
L'empereur Charles les a emmenés ,,à la maison'', à la cour d'où il les avait chassés autrefois. Il commanda au blond savant d'écrire l'histoire de l'empereur. Elle est conservée jusqu'à nos jours. Là où il avait retrouvé les amants dans leur modeste cabane en bois, il a fait construire une église aux murs en pierre de taille équarrie. L'endroit qui y grandit s'appelle encore Seligenstadt. Et dans l'église de Seligenstadt, la basilique d'Einhart, vous pouvez visiter leurs tombeaux. Car c'est là qu'ils reposent, encore unis dans la mort, les grands amants Einhart et Emma, Emma, la fille préférée de l'empereur Charles.

Le Rhin raconte:

LA TOUR AUX SOURIS À BINGEN

L'évêque Hatto de Mayence a vécu il y a mille et quelques douzaines d'années. Il était, comme l'ont été ses successeurs pendant des siècles, deux personnages en un seul : serviteur de l'église et prince régnant. Seulement, la puissance mène plus facilement à l'orgueil qu'une charge écclésiastique à la sainteté. Je ne saurais dire comment il était comme évêque. Mais une chose est sûre: déjà de son vivant ses sujets ont dit pis que pendre d'Hatto, le prince régnant.

Ils avaient de bonnes raisons d'être insatisfaits. Le ,,Mayence doré'' était depuis les temps les plus reculés une ville qui vivait du commerce et des artisanats florissants. La navigation sur mes eaux a toujours apporté des marchandises et des richesses dans la ville d'Hatto. Il n'était pas difficile pour lui de saigner marchands et artisans. Mais même le pays à la ronde devait des impôts à son maître. On prélevait la dîme sur les produits du pays, surtout sur le vin et les céréales, car l'argent était rare chez les paysans et les vignerons. Ce qu'ils avaient à apporter à Mayence en tonneaux et en sacs, on le gardait dans des granges et des caves.

Mais toute cette richesse ne suffisait pas à Hatto. Il avait aussi porté sa convoitise sur mes mariniers et sur ceux du Main, mon plus grand affluent. L'évêque se demandait où il pourrait forcer les mariniers à s'arrêter, afin qu'eux-aussi lui payent

leur tribut. Comme vous le savez certainement, juste après la petite ville de Bingen, là où la petite rivière de la Nahe saute dans mon lit, une petite île de rocher pointe au ras du passage des mariniers. De cette île monte une marche d'écueil vers les deux rives et je dois prendre mon élan pour la franchir. Vous ne pouvez pas la voir, car elle reste cachée sous l'eau, mais les mariniers l'ont toujours crainte. Ils aimaient accoster à cette petite île pour prier avant de s'aventurer dans l'un des deux étroits passages dangereux.
Hatto en tira son profit. Il construisit sur la petite île de rocher une tour de pierre qu'il fit occuper par des douaniers. Ils durent dès lors soutirer à chaque marinier une belle somme d'argent, avant de les laisser continuer leur chemin. Epargnez-moi de vous répéter les gros mots et les jurons que j'ai entendus à partir de ce moment-là. Hatto s'en est délecté. Il venait exprès de Mayence à Bingen pour jouir des cris de colère, en se postant aux créneaux de la nouvelle tour.
Sa joie maligne l'a aussi conduit à sa perdition. Quelques années après la construction de sa tour de douane, il y eut dans tout le pays une mauvaise récolte. Un vrai déluge s'était abattu pendant des semaines sur les champs et les vignobles. Les céréales pourrissaient sur pied, les raisins sur les cepts, mais Hatto restait impitoyable. Ses douaniers prenaient au paysan le dernier sac dans sa grange et au vigneron le dernier tonneau de vin de sa cave. Ses granges qui contenaient la dîme étaient pleines comme aux meilleures années et les caves à vin débordaient parfois. Le prince régnant faisait de bonnes affaires. Seuls ses sujets souffraient de la faim et des privations.

Quand en plus un hiver glacial succéda à l'été pourri, la misère des gens fut sans limites. Beaucoup moururent, d'autres s'attroupèrent, allèrent à Mayence devant le palais épiscopal et réclamèrent de l'aide. De l'aide d'Hatto ? Il festoyait à une table richement mise et n'était pas à plaindre. Lorsqu'il les entendit appeler, ceux qui avaient faim, son mets préféré lui sembla si possible plus délectable encore. Lorsqu'ils commencèrent à crier, il dit, paraît-il à ses convives : ,,J'engraisserais plutôt les souris de mes granges avec du blé que de laisser quelque chose à ces criailleurs !"
Mais ils ne se sont pas contentés de crier. Ils ont apporté des poutres et des cordes pour prendre d'assaut le palais de l'évêque. Alors Hatto a bien dû agir. Il alla sur le balcon et regarda les ,,rebelles". ,,Dans ma maison ici, vous n'allez pas trouver suffisamment pour vous rassasier tous", leur cria-t-il. ,,Allez à la grange contenant la dîme. On va vous l'ouvrir. Chacun a le droit d'emporter tout ce qu'il pourra transporter.,, Alors ils l'acclamèrent de nouveau, leur bon seigneur régnant, comme au bon vieux temps. Puis ils coururent à toutes jambes, là où ils pensaient trouver le pays de cocagne.
Ils prenaient tant de blé doré et en remplissaient leurs sacs et malgré cela la grange ne se vidait pas. Quand chacun eût pris suffisamment à emporter, ils allèrent à la porte. Mais, alors qu'elle était grand ouverte lorsqu'ils étaient arrivés, elle était maintenant bien fermée, clouée, calée avec les poutres qu'ils avaient eux-mêmes apportées pour prendre d'assaut le palais épiscopal, elle était complètement barricadée et aucun de ceux qui étaient dedans ne pouvait s'échapper.

Il n'y avait pas moyen pour eux d'échapper à la mort. Car déjà l'ordre avait été donné de mettre le feu à la grange de la dîme. C'est Hatto lui-même qui en donna l'ordre. Des couronnes de résine volèrent sur le toit. La charpente prit feu. Les chevrons enflammés s'abattaient sur ceux qui étaient enfermés. Ils crièrent dans leur détresse mortelle, gémirent de douleur, hurlèrent des malédictions contre le meurtrier, étouffèrent l'un après l'autre dans l'épaisse fumée, se consumèrent en cendre et Hatto se réjouissait de tout ce désastre. C'était un homme dur et malveillant. Les rebelles sont déchus de leurs droits à la pitié, pensait-il.
C'était lui-même qui était déchu. Mais jamais il ne soupçonnait qu'il aurait besoin de pitié. C'est seulement lorsque les souris, en bandes monstrueuses, envahirent son palais que la peur le saisit. C'étaient les souris qui avaient été chassées de la grange de la dîme, lorsqu'il avait fait mettre le feu. Les souris trouvent encore une issue là où les hommes en sont incapables. Maintenant elle n'avaient plus d'abri, ses souris et, de plus, elles devaient manger. Elles avaient besoin de beaucoup de nourriture, car elles étaient gâtées. Elles lui mangèrent tout et bientôt dans le palais épiscopal il ne resta plus une seule miette de pain.
L'évêque Hatto s'enfuit de sa maison. La tour qu'il avait construite dans le ,,Binger Loch" au milieu du Rhin lui sembla être un lieu sûr, à l'abri des souris. Mais lorsqu'Hatto fut sur la rive à Bingen et qu'il attendit la barque qui devait le transporter à la tour, il perdit presque la raison. Les souris l'avaient suivi. Le grouillement gris l'entourait pas à pas. Et lorsqu'en-

fin il monta dans la barque qui devait le sauver, les souris sautèrent aussi à l'eau et le suivirent jusqu'à la tour sur l'île. Dix mille l'ont suivi à la nage. Et si certaines se noyaient, il en revenait autant de nouvelles.
Elles ont dû le dévorer tout vivant, les souris de sa propre grange pour la dîme, lorsqu'elles ne trouvèrent plus rien de mangeable dans la sûre tour d'Hatto. C'est pourquoi elle porte à juste titre le nom de ,,Tour aux souris''. Aujourd'hui encore elle s'appelle ainsi. Ce nom vient peut-être de ,,Maut'', qui signifie la douane, qui fut prélevée ici pendant des siècles. Qui peut le savoir ? De toute façon, celui qui veut tirer la morale de l'histoire d'Hatto doit remarquer ceci : ,,Celui qui creuse une fosse pour les autres, y tombe lui-même''.

Le Rhin raconte:

DEMANDE EN MARIAGE AU CHÂTEAU DE RHEINSTEIN

Il y a longtemps, bien longtemps, que l'on ne trouve plus d'or dans les sables de mon lit. A l'époque, déjà, où les Burgondes succombèrent à la tentation de ce précieux métal, ils étaient contraints d'attaquer des héros qui le rapportaient d'ailleurs. Et la tradition se perpétua. Les seigneurs des majestueux châteaux de la vallée du Rhin pillaient les capitaines de bateaux et les commerçants. Et lorsqu'ils ne trouvaient aucun or sur eux, ils se contentaient d'argent.

Pour le chevalier Diethelm, seigneur du château de Rheinstein, l'argent avait toujours été, pendant sa longue vie, quelque chose qui lui avait coulé entre les doigts. Et lorsqu'il venait à en manquer, qu'il s'en trouvait affligé et affecté, il trouvait quelque réconfort à la vue de sa fille Gerda, une fort belle jeune fille qui avait été le fruit et le terme d'une union tardive : sa naissance avait entraîné la mort de la mère. La jeune fille était maintenant en âge d'être courtisée. Et le père rêvait souvent d'un riche prétendant qui le dédommageât s'il lui cédait sa fille.

Il y en avait un, certes, à qui il ne manquait ni la jeunesse, ni la beauté : il s'agissait du fils aîné du vieux Sternberger, Helmbrecht. Mais au château de Sternberg, l'or ne coulait pas à flots non plus, et ce n'était pas de là qu'il fallait s'attendre à tirer fortune. Cela n'empêcha pas toutefois Helmbrecht d'être

profondément épris de Gerda. Et résolu comme il l'était, il se rendit un beau jour chez son oncle, Gunzelin de Reichenstein, pour le prier de faire lui-même la demande en mariage auprès du père de Gerda.
Gunzelin était un homme grand, fort et grisonnant, et qui possédait de surcroît une immense fortune dont personne, du reste, n'aurait pu dire d'où elle venait. Il était le plus proche voisin du chevalier Diethelm, et n'ignorait pas que le père de Gerda voulait un beau-fils fortuné.
Une fois en présence de Gerda, Gunzelin trouva lui-même la jeune fille à son goût et au lieu de faire une demande en mariage pour son neveu Helmbrecht, il la fit en son propre nom. Il était fermement décidé à épouser Gerda, coûte que coûte. Le père, ébloui par la richesse et la prestance du prétendant, donna son consentement. Gunzelin était en effet un homme bien installé dans la vie, un homme fortuné, et non un va-nu-pieds, un fils de pauvre diable, comme l'était le vieux Sternberger. Et comme Gunzelin, son voisin, semblait très pressé, le mariage fut immédiatement fixé à l'un des jours suivants. La cérémonie serait célébrée dans la chapelle Saint-Clémens de Trechtingshausen, chapelle qui se trouve au bord même de ma rive, au pied du Rheinstein et du Reichenstein.
Gerda fut prise d'épouvante en entendant le nom de son futur. Car c'était au jeune Helmbrecht qu'allaient tous ses espoirs. Gunzelin était pour elle un vieil homme. Elle éclata en sanglots. Son père la raisonna. Mais devant l'inutilité de ses efforts, il entra dans une colère folle. Puis d'un ton qui ne souffrait aucune réplique, il pria de considérer l'affaire conclue puisqu'il avait donné sa parole de chevalier à Gunzelin de Rei-

chenstein. Lorsqu'Helmbrecht arriva à cheval au château pour tenter de fléchir le père de Gerda, il trouva porte close. Le vieux chevalier lui fit savoir qu'il venait de donner sa parole en gage. La jeune fille s'effondra en larmes. La chance voulut qu'elle choisît, pour épancher son coeur, le jardin du château. C'est que les larmes ont le pouvoir d'attirer de très loin ces petits êtres qui peuplent les eaux. L'un d'entre eux vit dans le ruisseau qui coule à grand bruit près du château d'Hunsrück. Ma petite nixe entendit donc les lamentations de Gerda, et une idée lui vint aussitôt. Le jour même où le couple mal assorti devait s'unir pour la vie, un nid de frelons se trouva au bord du chemin que le marié et la mariée devaient emprunter pour se rendre à la chapelle Saint-Clémens. Lorsque Gunzelin arriva à la hauteur du nid, un morceau d'ardoise tranchant, lancé par la nixe, tomba de haut en plein sur le nid de frelons qui s'ouvrit. Et qui ne connaît pas la colère des frelons que l'on excite ! Ils se ruèrent d'un coup sur le ventre du cheval monté par le marié. La pauvre bête, tourmentée par la brûlure de ces multiples piqûres, se cabra, précipitant son cavalier au bas de la pente abrupte. Il se brisa les reins. La mariée eut plus de chance. Elle fut sauvée par le jeune Helmbrecht de Sternberg. Le coeur plein de douleur, il s'était tenu caché un peu avant la chapelle.

Une semaine plus tard seulement, Helmbrecht de Sternberg, le sauveur, prenait pour épouse Gerda de Rheinstein. Leur union fut célébrée dans la chapelle Saint-Clémens, celle-là même où après de longues années de bonheur, ils furent tous deux ensevelis.

Le Rhin raconte:

LE COUP DE MAÎTRE AU CHÂTEAU DE SOONECK

Là où ma vallée devient presque encaissée, ce ne sont pas les châteaux qui manquent. Un vieux dicton prétendait jadis que là où il y a beaucoup de châteaux, il y a également beaucoup de querelles. Sinon, pourquoi diable les seigneurs se seraient-ils rendus aussi inaccessibles ? Mais les querelles se terminaient rarement bien, surtout entre voisins, même lorsque le motif était minime. Ainsi, les seigneurs des châteaux de Sooneck et de Fürstenberg s'étaient eux aussi brouillés pour une pécadille. Siebold de Sooneck était d'une grande susceptibilité. Car si Hans Veit de Fürstenberg était connu plusieurs lieues à la ronde, lui ne l'était pas. Sa jalousie l'étouffait de plus en plus, et il se mit à réfléchir au moyen de le lui montrer. Siebold de Sooneck était décidé à prouver à tout le monde qu'il n'était en rien inférieur à son voisin. Veit de Fürstenberg était certes imbattable au tir à l'arbalète. Mais n'y avait-il donc pas pour Siebold d'autres moyen de faire la démonstration de ses talents ? Il demanda à Veit de se battre en duel à l'arme blanche. Siebold savait pertinemment qu'il n'avait rien à craindre du champion de tir. Il avait une force de lion, ce Siebold de Sooneck. Il était aussi un vieux soudard fort redouté, à juste titre d'ailleurs.

Hans Veit de Fürstenberg lutta avec vaillance contre son adversaire, mais ses forces lui firent tout à coup défaut. Comme les deux hommes se battaient à la vie ou à la mort, Veit se vit déjà perdu. L'intention, pourtant, de Siebold n'était pas de voir son adversaire porté en terre. Il avait songé à quelque chose de pis encore. Lorsque Veit resta au sol, le chevalier de Sooneck appela ses valets. Ils ligotèrent la malheureux sans défense et l'emmenèrent au château du vainqueur où, sur l'ordre de leur maître, ils lui crevèrent les deux yeux. Et sur un ton plein de mépris, Siebold de Sooneck lanca à Veit terriblement défiguré : ,,Tu auras été le meilleur tireur". Il le fit enfermer dans le cachot, sous la tour du château, et ordonna tout de même qu'on le soignât comme il faut. Mais il n'avait pas encore assouvi complètement sa jalousie et sa haine.
Plusieurs lunes plus tard, dans la salle des chevaliers du château de Sooneck à laquelle les torches et les bougies donnaient un éclat sans pareil, Siebold donnait un festin prodigieux. Il avait invité non seulement ses vassaux mais aussi des voisins. Il y avait à boire et à manger à profusion. Et pour rendre encore la fête plus mémorable, il avait engagé une danseuse, fort peu vêtue. Des musiciens jouaient, tandis que les chevaliers et leurs vassaux se laissaient ravir par les charmes de filles voluptueuses qui s'abandonnaient dans leurs bras. La soirée fut longue, tous les convives étaient gris.
A minuit, Siebold de Sooneck se leva, chancelant. ,,Et voici maintenant le clou de la soirée ! Notre invité d'honneur va faire son entrée, un homme que j'ai tenu à garder soigneusement pour la fête de ce soir : Hans Veit de Fürstenberg, celui

qui fut jadis le meilleur tireur de toute la vallée du Rhin!" A peine avait-il prononcé ces mots que deux valets poussèrent devant eux l'aveugle. Ce dernier, barbu et les orbites vides, avança en titubant dans la salle, vêtu de haillons – un véritable tableau de désolation, même s'il n'était pas encore entièrement dépourvu de dignité.
Siebold de Sooneck prenait à ce spectacle un vif plaisir. Puis il s'adressa à l'aveugle, la vois pleine de mépris: ,,Toi, le meilleur d'entre les tireurs, l'exemple inégalable qui abattait l'hirondelle en plein vol et le lièvre à la course, tu vas me faire plaisir: tu trouveras sûrement bien encore le moyen d'atteindre la cible que je vais te donner. Tiens, le gobelet d'or que voici, je le sacrifie volontiers. Transperce-le de ta flèche, transperce-le au vol, et tu seras libre. Tu pourras aller où bon te semble!"
Le visage de l'aveugle eut un léger mouvement qui trahit son émotion lorsque ses valets lui mirent une arbalète et des flèches entre les mains. Il chargea l'arbalète et s'apprêta à tirer. Siebold lui cria: ,,Mais tire donc! Tu n'as pas besoin de viser aussi longtemps!" Et il lança le gobelet en l'air. Au même moment, la flèche vint lui transpercer la gorge.
Siebold de Sooneck s'effondra comme terrassé par la foudre. Il râlait à présent, gisant dans une mare de sang. Hurlant d'épouvante, les invités et les filles se ruèrent hors de la salle. Car qui donc serait la prochaine victime du champion de tir? Ce dernier, pourtant, avait baissé son arbalète. Des larmes lui coulaient à présent des orbites vides. Des larmes de fierté? Ou des larmes de douleur face à cette passion perdue du tir? Qui pourrait le dire?

Le Rhin raconte:

LA PFALZ AU MILIEU DU RHIN

La Pfalz, près de Kaub, est une petite île rocheuse du Rhin, une petite île située au beau milieu de mon lit et bercée par le murmure de mes flots. Sur cette île se dresse aujourd'hui encore le ,,pfalzgrafenstein", petit château ancien construit pour assurer la perception des droits de péage sur le fleuve. Il n'a pas toujours été ce chef-d'oeuvre d'architecture qui dégage cette impression de gracieuse vaillance qu'il a aujourd'hui. Il y a huit cents ans, à l'époque du grand empereur Frédéric Barberousse, l'île n'était dominée que par une grande tour froide, comparable à celle aux Souris, de Bingen. Et pourtant, ces murs fort peu hospitaliers ont été le théâtre d'une histoire d'amour si merveilleuse que j'en reste tout rêveur lorsque j'y songe.

L'empereur Frédéric Barberousse et le grand duc guelfe Henri le Lion de Braunschweig étaient cousins, certes, mais presque fâchés à mort. Le comte palatin Konrad, dont le château de Stahleck se trouvait situé au-dessus de Bacharach, était lui aussi un grand prince. Konrad et l'empereur étaient liés entre eux par une amitié profonde et à toute épreuve. Le comte n'avait rien de plus cher au monde que son épouse et leur unique enfant, la belle Agnès. Et le comte Konrad échafaudait des plans et cherchait le moyen de marier la jeune fille à quelqu'un qui fût digne d'elle, au fils d'une très grande famille princière,

bien sûr, et de surcroît entièrement dévoué à l'empereur. Car c'était à Agnès aussi que devait revenir, après la mort de Konrad, le comté palatin. Le comte n'avait pas en effet d'héritier mâle. Et il se laissait aller pour cela à des rêves sans limites. Mais Agnès, elle, se soucia fort peu de politique familiale lorsqu'elle tomba un beau jour amoureuse. Son choix s'était porté précisément sur Heinrich, le fils de cet obstiné Lion de Braunschweig. Le comte Konrad en resta interdit. Mais comme il entendait rester fidèle à ses principes, il sut bientôt ce qu'il avait à faire. Sa femme se montrait, elle, très compréhensive à l'égard d'Agnès, mais il ne pouvait toutefois donner son consentement. Pour faire entendre raison à sa fille et à la mère –car les deux femmes étaient solidaires –, il les enferma toutes deux dans cette tour inaccessible, sur la Pfalz, au beau milieu du Rhin. La solitude, se disait le comte avec malice, finira bien par les rendre dociles. Car il n'est guère poussé d'ailes au jeune guelfe !
Mais Heinrich, qui était tout feu tout flamme pour Agnès, n'avait que faire d'une paire d'ailes ou de nageoires ; une barque lui suffisait amplement. Et à la clarté de la lune, un passeur l'emmenait sur l'île. Que vous dire, sinon qu'Agnès, transportee de joie, se jetait à son cou. Lorsque la mère reconnut l'immense bonheur de ces deux êtres, elle leur donna son consentement. Et l'une des nuits suivantes, le passeur fit une seconde fois la traversée. Il avait alors à bord le pasteur de Kaub. Ce dernier donna la bénédiction nuptiale à Heinrich et Agnès avant de reprendre le bateau, à l'aube, pour la terre ferme. Le bonheur de la fille du comte palatin et du prince guelfe n'avait

guère besoin du faste étourdissant des grandes cérémonies. La grande tour froide avec sa petite pièce étroite leur faisait aussi un nid d'amour chaud et tranquille. Et après les félicités de la nuit de noces, ils s'enfoncèrent, bercés par le chant des nixes du Rhin, dans un doux et profond sommeil.

Le comte palatin Konrad avait, certes, le coeur gros lorsqu'il songeait à sa femme et à sa fille. Mais Agnès et Heinrich avaient sans aucun doute encore bien plus de raisons d'être heureux qu'il n'aurait pu le supposer, jusqu'au moment où ils se mirent à réfléchir. Il était devenu temps, en effet, d'annoncer la couleur. La comtesse fit savoir à son époux qu'elle souhaitait instamment sa visite. ,,Ah, les femmes en ont toutes les deux assez !", pensa-t-il triomphant. Il n'était guère pressé de se rendre à la tour. Il s'y résigna quand même et faillit en être renversé de surprise.

Il ne voulut pas croire tout d'abord que le guelfe s'était octroyé le titre de beau-fils à son insu. Puis il lui fut impossible de se contenir plus longtemps. Son emportement fut tel que l'on entendit sa voix jusqu'à Kaub. Mais il finit par se calmer lorsqu'Agnès lui fit une seconde révélation : ,,Il est temps que je t'annonce, père, que notre bonheur sera bientôt encore plus grand, que tu auras bientôt un petit-fils." – ,,Oh, ces femmes !" s'écria-t-il encore, puis il comprit enfin, et se tut.

Que lui restait-il d'autre à faire à présent que de se rendre à la cour de l'empereur et de lui confesser ce qu'il n'avait pas réussi à empêcher. Frédéric Barberousse fut loin d'être aussi contrarié que ne l'avait été le comte. Il souriait dans sa barbe rousse. Konrad s'était attendu à tout, mais sûrement pas à ce que l'empereur lui adressât encore la parole et lui tendît la main. Il pria le comte de transmettre ses remerciements à sa fille. ,,Des remerciements, seigneur, pour ma fille?" balbutia Konrad. ,,Mais oui, mon ami, ta fille a veillé soigneusement à rapprocher de nouveau les Guelfes de la maison impériale", répondit Frédéric Barberousse au comte. Konrad crut même rêver lorsque l'empereur offrit d'honorer par son parrainage le fruit d'un si grand amour. Lorsque Konrad fut rentré chez lui, une grande fête fut célébrée, non pas dans la grande tour froide de l'île de Kaub, mais dans les splendides salles du château de Stahleck, au-dessus de Bacharach. L'enfant, pourtant, vint au monde sur cette île, conformément aux voeux de ses parents et de son grand-père, le comte palatin, que le temps avait ramené à la raison. Car finalement, s'il n'y avait pas eu cette tour dans mon lit, cet enfant n'aurait peut-être jamais vu le jour. Dans la vieille tour du château, on peut encore voir aujourd'hui la pièce où se trouvait son berceau.

Le Rhin raconte:

LA LORELEI ET LE MOINE GOAR

Le long de mes rives, tout n'est que chansons, et cela depuis des années et des années déjà. Il y a toujours eu des chanteurs qui se sont sentis attirés par mes flots. C'est ainsi que sous la très vieille Eglise Saint-Séverin à Cologne, un tombeau de l'époque romaine fut mis à jour, un tombeau renfermant la dépouille d'un chanteur et ses vielles. Ses admiratrices avaient rempli son cercueil de roses. Dans la cathédrale de Mayence repose, sous la statue qui le représente, le célèbre chanteur du Moyen Age, Heinrich Frauenlob. Et c'est à Dusseldorf qu'est né le chanteur qui a rendu immortelle mon enfant préférée, la Lorelei.

C'est une enfant difficile. Elle est, vous le savez, une nixe. Ce sont des êtres dont tout homme doit se garder, quelles que soient leur amabilité et leur beauté. Elles restent des créatures des ondes, et comme j'en suis moi-même une, je sais ce que je dis. L'élément dont nous sommes issus est inconstant et plein de contradictions. Il est bon. Tous les êtres vivants ont autant besoin de lui que du doux soleil, que de l'air qu'ils leur faut respirer, que du boire et du manger. Mais il ne faut guère abuser des bonnes choses, cela est dangereux. Vous en avez déjà fait plus d'une fois l'expérience avec moi-même, mais surtout avec ma progéniture.

La Lorelei est fort souvent chantée. Mais elle est elle-même

une chanteuse qui ne manque pas de talent. C'est l'expérience que fit un jour un jeune homme qui passait par là en bateau, il y a de cela bien longtemps, comme le dit si bien la chanson. Charmé par sa voix, il se laissa attirer vers elle, il s'en approcha même dangereusement. Et plus il s'en approchait, plus il subissait le charme qu'exerçaient sur lui sa douce voix et sa beauté ravissante. Elle est faite comme une déesse ; certains, d'ailleurs, la considèrent comme telle. Elle a des yeux fort foncés et séducteurs ; sa chevelure d'un blond doré tombe en boucles abondantes sur ses épaules. Il n'y a vraiment rien d'étonnant à ce qu'elle en soit fière. Elle soigne et peigne sa chevelure à tout moment avec un peigne en or pur. C'est un cadeau que je lui ai fait moi-même un jour.
Le jeune homme, dans son bateau, avait eu la chance de pouvoir la regarder. Il faillit en perdre la vue. Et lorsqu'elle se remit quelque temps après à chanter, il oublia alors le reste du monde. Mais descendre le Rhin en barque est une entreprise qui peut devenir dangereuse, surtout là où la Lorelei se montre aux bienheureux. Elle aime particulièrement s'asseoir sur un rocher incroyablement escarpé, beaucoup trop abrupt pour les vignerons eux-même, un peu en aval d'Oberwessel, mais sur ma rive droite. Elle a donné son nom au rocher, un rocher si imposant que je dois faire moi même une boucle pour le contourner. Et malgré toute la peine que vous, les hommes, vous êtes déjà donnée depuis longtemps pour me faire de la place, mon lit, au pied de la Lorelei, est plein d'écueils et de tourbillons.
C'était, jadis, cent fois pis encore. Un jour, complètement séduit, un jeune homme en bateau regardait intensément le ro-

cher et écoutait ; la Lorelei l'avait ensorcelé. Il est arrivé ce qui devait arriver. Elle causa sa perte. Le bateau s'en alla heurter les écueils au pied même de la Lorelei et disparut dans les flots.

Mais aujourd'hui encore, ce rocher fait tourner la tête, chaque année, à un grand nombre d'hommes et –chose étrange– à presque autant de femmes, sinon plus. Il n'ya que les bateliers qui, depuis, fassent un grand crochet au pied de la Lorelei, pas seulement au soleil couchant –moment préféré des nixes et des chanteurs– mais aussi la nuit et par temps de brouillard.

Bien longtemps après que la Lorelei eût entraîné le jeune batelier dans la mort par ses chants charmeurs, le moine Goar, venu de je ne sais où, fut l'un des premiers chrétiens à venir s'installer dans ma vallée étroite. Il élut domicile à l'endroit qui porte aujourd'hui son nom et s'adonna à la pêche. C'est que du poisson, un moine peut en manger tant qu'il veut, tous les jours, à moins bien sûr, qu'il n'en ait guère.

Mais ce n'était pas le poisson, précisément, qui manquait. Au pied du rocher, dans l'écume moussante des tourbillons, il était même abondant. Le poisson aime l'eau vive. Mais le moine Goar n'était pas simplement venu sur mes rives pour se remplir l'estomac. Tout comme Saint Pierre, dont je n'avais pas encore entendu parler à l'époque, il lança aussi ses filets sur les hommes. Ceux qu'il pensait prendre seraient destinés ensuite à l'aider. Mais avec ces païens impies, la tâche n'était guère facile. Le moine ne tarda pas d'ailleurs à s'en apercevoir. Il apprit aussi que les femmes étaient plus faciles à convertir que les hommes, fort têtus bien souvent.

Pour quelques succulents poissons du Rhin, la svelte Liuthildis, une fille de vignerons, s'était déclarée disposée à s'occuper de la lingerie du moine et du peu de chemises et de bas dont il avait besoin. Pendant qu'elle travaillait, le moine aimait lui raconter des légendes pieuses. Elle, de son côté, lui conta l'histoire de la Lorelei. Chaçun y trouvait son content, la jeune fille surtout, car elle ne connaissait jusqu'ici pratiquement rien du monde, si ce n'est ce qu'elle avait devant sa porte.
Liuthildis fut la première à être convertie. Et comme elle faisait très bien la lessive, il lui construisit un petit lavoir au bord de l'eau, non pas à l'endroit où il avait lui-même sa hutte sur la rive gauche, mais presque en face, sur la rive droite. Là, en effet, à l'abri de l'imposant rocher de la Lorelei, mon eau est plus claire et plus calme que sur la rive gauche. Là, sans être dérangée par les païens, Liuthildis pouvait apprendre aux femmes toutes sortes de choses, et pas seulement la lessive. Elle leur enseignait aussi petit à petit la nouvelle religion, avec beaucoup de joie.
Les femmes lavaient pour la première fois leur linge en commun lorsque j'aperçus, parmi ces lavandières affairées, une jeune créature aux longs cheveux d'un blond doré. Elle me parut ressembler quelque peu à ma fille Lorelei. Elle s'avança la première, très librement, sur le rivage que l'on aurait dit argenté tant le sable était fin et pur. Elle voulait s'assurer qu'elle pourrait laver ici son linge, elle entra donc dans l'eau peu profonde du Rhin, nue des pieds à la tête. L'envie me prit de lui jouer un tour et d'un coup brusque, je l'attirai vers moi sous l'eau et dans les joncs. Au lieu de crier, elle se mit à s'ébrouer

et partit d'un grand éclat de rire. En y regardant de plus près, je m'apercus que c'était bien elle : sous l'apparence d'une fille du village, la Lorelei s'était glissée parmi les compagnes de la pieuse Liuthildis.
Je la ramenai, telle qu'elle était, sous les rochers de la Lorelei et la déposai sous les rayons du soleil couchant pour qu'elle pût se sécher. Il faut dire que j'étais aussi un peu chatouillé par l'envie de savoir ce que le moine Goar penserait. Car, comme tous les soirs, il avait remonté le Rhin en bateau pour aller jeter ses filets et ses lignes au pied du rocher. Or voilà qu'il trouva cette fois la place occupée, et qui plus est, par une femme nue. Il lui fit signe de s'en aller. Elle lui fit signe de venir vers elle. Et jusqu'au crépuscule, ils ne cessèrent de se faire signe à tour de rôle. Elle n'avait, elle, que la plaisanterie en tête. Mais le moine Goar avait été mis en garde contre cette nixe dangereuse. Il n'osait pas non plus rentrer sans poissons se sachant attendu par Liuthildis et ses lavandières que la faim tenaillait. A la fin, la colère et l'ardeur religieuses s'emparèrent de lui. Parlant avec vigueur, il frappa la Lorelei d'anathème jusqu'à ce qu'elle en eût assez de la plaisanterie. Elle finit par quitter le rocher qu'elle adorait et le moine put enfin, sans devoir en rougir de honte, jeter ses lignes. Fit-il bonne pêche, je ne le sais plus. Mais ce qui est certain, par contre, c'est que, fort de cette victoire sur la tentatrice nue, il vit augmenter de jour en jour le nombre des convertis. Cela lui valut, après sa mort, d'être canonisé. Et aussi étrange que cela puisse paraître, c'est aussi un tout petit peu à la Lorelei qu'il doit son auréole de Saint.

Le Rhin raconte:

LES FRÈRES ENNEMIS

Au-dessus de Kamp-Bornhofen, lieu de pélerinage sur ma rive droite, s'élèvent à peu près à la même hauteur deux châteaux-forts. Le plus haut, le château de Sterrenberg, suffisait amplement au départ à abriter les nobles seigneurs qui lui avaient donné leur nom. Il en fut autrement lorsque le chevalier Werner de Sterrenberg, devenu veuf, y habita avec ses deux fils. L'aîné, celui qui était destiné à hériter, avait été baptisé Heinrich. Son frère cadet Konrad, à qui l'on avait donné le prénom du vénéré empereur Konrad, était en train de devenir une petite tête brûlée, un bagarreur de la plus belle espèce. Il était né pour être chevalier et châtelain, l'aîné aurait plutôt fait un bon moine. Mais d'après le droit en vigueur, c'était l'aîné qui avait priorité en matière de succession. Le plus jeune, à cette époque, ne s'en souciait encore que fort peu.
Le père avait une préférence pour son fils aîné. Le plus jeune avait causé la mort de sa mère à la naissance. Et le chevalier Werner n'arrivait pas à surmonter la douleur que lui avait causée la perte de son épouse bien-aimée. Ce n'est pas qu'il voulût –il ne l'aurait pu d'ailleurs– rendre cet enfant innocent responsable de la mort de sa femme. Mais plus l'enfant grandissait, plus il ressemblait à sa mère. Il faisait revivre constamment son souvenir non seulement par sa présence même, mais bien davantage encore par son frais minois. Et c'était pour le chevalier une épreuve difficile à supporter.

Jamais il n'y eut, même en dépit de leurs tempéraments différents, de bagarres entre les deux Junkers. Une légère expression de mépris passait parfois, à peine perceptible, sur le visage de Konrad lorsque son frère aîné se dérobait à ses jeux turbulents. Il avait sinon beaucoup de patience avec lui ... tant qu'ils furent enfants. Lorsque jadis je voyais le plus jeune lancer son cheval et descendre au galop la colline du château, je sentais mon coeur se serrer à la pensée que c'était le timide Heinrich qui avait le droit d'aîné. Mais qu'y pouvait-on changer ?

Cela faisait douze ans déjà qu'il n'y avait plus que des hommes au château de Sterrenberg lorsque le chevalier Werner fut invité au repas d'enterrement au château des Brömser à Rüdesheim. Le défunt avait lui aussi perdu trop tôt sa femme ; resté veuf, il avait élevé leur fille unique. Et c'était cette gracieuse enfant que le chevalier Werner, rentrant de Rüdesheim, ramenait au château de Sterrenberg. Angela, qui comptait onze printemps, ne tard pas à devenir le rayon de soleil de ce château sans femmes.

Quelques années passèrent, et l'on eût dit tout à coup que les Junkers s'étaient métamorphosés. Konrad, le cadet, n'eut plus, du jour au lendemain, la moindre envie de devenir chanoine à Mayence. Sachant très bien ce qu'il voulait, il entreprit, tout jeune qu'il fût, de faire la cour à Angela que cet événement fort inhabituel remplissait d'émerveillement. Mais Heinrich, l'aîné, avait lui aussi le regard qui s'allumait à la vue de la jeune fille. Seulement, pendant longtemps, il n'osa pas lui nouer son ruban dans les cheveux même lorsqu'elle le lui

demandait. Le chevalier Werner ne manqua pas de donner à son aîné des coups de coude à la dérobée et lui proposa finalement de faire une demande en mariage à Angela. Il eut quelque succès. Heinrich s'enflamma alors pour de bon. Mais il ne comprit qu'il contrariait les desseins de son frère cadet que lorsque celui-ci lui montra son poing menaçant.
Dès ce moment, Angela se sentit prise entre deux feux. Et plus elle s'épanouissait, plus le moment approchait pour elle de se décider. Le choix n'était guère facile. La passion amoureuse du cadet était sans aucun doute plus grande. Mais c'était l'aîné qui devait hériter et donner, à la mort du père, une indemnisation à son frère. Pour l'instant, le chevalier Werner ne donnait pas du tout l'impression, certes, de vouloir mourir. Il n'en restait pas moins qu'Heinrich, le taciturne, constituait le meilleur parti. Et agissant ma foi comme toutes les jeunes filles de son âge qui ignorent encore où elles en sont, Angela prêta au futur seigneur de Sterrenberg, je ne dirai pas son coeur –car qui peut prétendre connaître le coeur des jeunes filles ?– mais visiblement sa plus grande attention.
Ardent comme il l'était, Konrad ne songea pas du tout à se résigner. Il lui fit encore une cour plus assidue, l'entretint sans cesse de sa passion, lui tint mille propos galants et parvint même –triomphe sublime– à la faire rougir en présence, qui plus est, de l'autre prétendant qui ne pouvait se vanter d'en avoir déjà fait autant. Le père s'aperçut du tour que prenaient les choses et ne s'en félicitait guère. Il songea à mille possibilités d'éloigner pendant un moment le cadet. L'occasion s'en présenta un jour d'elle-même.

Le grand Bernard de Clairvaux, qui à cette époque battait le rappel en vue d'une nouvelle croisade, était venu sur mes rives pour recruter des hommes dans les châteaux environnants. Le vieux seigneur de Sterrenberg lui offirt l'hospitalité, et Bernard de Clairvaux eut tôt fait de décider les deux fils à se joindre à lui. Le père s'opposa au départ du fils aîné, son héritier. Le cadet eut un sourire pincé sur les lèvres et prit la croix en tant que représentant de toute la famille. Mais avant de partir, il demanda une entrevue à Angela.
La jeune fille ne pouvait caher son désarroi et son inquiétude. ,,Te reverrai-je ?" se demandait-elle encore plus que lui. ,,Si tu promets de m'attendre, sans aucun doute,, lui assura-t-il. ,,Et toi, me garderas-tu ton coeur ?" lui demanda-t-elle. C'était là toute la question de son destin. ,,Je serai tout à toi" lui jura-t-il sur un ton sérieux qui redonna force et assurance à Angela. Ils se séparèrent comme des fiancés, en échangeant un baiser, leur premier baiser. Puis il la pressa sur son coeur avant de s'en aller.
Le frère et rival d'Heinrich était maintenant parti. Soulagé, certes, mais le coeur serré, le chevalier Werner attendait à présent que son aîné fît la cour à Angela et gagnât le coeur de la jeune fille. Mais il n'y eut pas de dénouement heureux comme dans les classiques hisoires d'amour. La jeune fille tenait ses promesses, rien ne pouvait l'ébranler. Lorsqu'elle eut refusé pendant suffisamment longtemps les avances de l'autre prétendant, et comme elle continuait à pleurer le départ de Konrad auquel elle restait fidèle comme si elle en eût déjà été la femme, le père dut, le coeur lourd, se rendre à l'évidence. Et

sur le rocher où se dressait son château, il en fit construire un second, plus au sud qui, au même titre que le premier, abriterait la nouvelle branche de la famille. Il le baptisa Liebenstein, car il l'avait fait construire pour un couple qui s'aimait.
Le temps passait. Et un beau jour, un bateau richement pavoisé descendit mon cours. Sa voile portait le signe des croisés. Un chevalier en cuirasse noire se tenait à l'avant du bateau ; son manteau blanc flottait au vent. Il leva les yeux, surpris, vers le nouveau château. Il s'apprêtait à faire un signe de la main lorsqu'il vit flotter, sur la tour du château de ses ancêtres, un drapeau noir, marque de deuil. Il comprit que son père était mort.
Konrad de Sterrenberg avait à ses côtés une belle étrangère aux cheveux noirs et aux yeux ardents. C'était une grecque qui l'avait aidé à fuir alors qu'il était prisonnier des Sarrasins. Mais s'il la ramenait comme épouse au pays, ce n'était pas simplement par pure reconnaissance : il n'avait pas oublié qu'Angela avait déjà eu le coeur changeant. Il n'aurait jamais pensé d'ailleurs qu'elle eût pu lui rester fidèle. Il rentrait au château fermement persuadé de la trouver mariée à son frère et entourée de ses enfants.
Tenant la grecque par la main, Konrad franchit le pont-levis du château. Arrivé sous le portail voûté, il vit le cercueil renfermant la dépouille du chevalier Werner. Il dégaina son épée afin de rendre un dernier hommage à son père. Mais son frère Heinrich interpréta mal son intention, dégaina lui-même son épée et provoqua Konrad à l'arme blanche. Il avait compris au premier coup d'oeil que son frère rentrait de croisade marié.

Et dans le geste de l'attaquant, il y avait autre chose qu'un simple malentendu : il traduisait la haine profonde que lui inspirait la vue du cadet heureux, la fureur de celui dont on avait trompé l'amour pendant des années et le besoin impérieux de réclamer vengeance pour la fiancée abandonnée.
Angela était au comble du désespoir et son coeur se brisa. Après la douleur causée par la mort de celui qui avait été un père pour elle, après l'amertume d'un amour et d'une fidélité déçus, il fallait encore qu'elle assistât à un fratricide. C'en était trop. Elle se jeta, éperdue, entre les combattants et faillit devenir elle-même leur victime. Les deux frères s'arrêtèrent et rengainèrent leur épée. Ils suivirent séparément, et non pas ensemble comme le veut la coutume, la dépouille du père jusqu'au tombeau. Ils rentrèrent séparément dans leur château respectif où ils s'enfermèrent, chacun de son côté.
Angela prit le voile. Elle trouva, peu de temps après, dans le couvent de Bornhofen qui l'avait recueillie, le repos éternel.
Bien plus tard, Heinrich prit une autre femme pour épouse.
Quant à Konrad, il fit construire entre les deux châteaux –Sterrenberg et Liebenstein– un mur que l'on peut encore voir de nos jours et qui devait empêcher qu'ils ne s'entretuassent, les deux frères ennemis.

Le Rhin raconte:

D'OÙ VINT LE NOM DU MARKSBURG

Aucun château, sur les collines longeant mes rives, ne se dresse plus fièrement que le Marksburg. Et si le château permettait de présumer du seigneur, celui-ci devait être gonflé d'une fierté indomptable. Il avait d'ailleurs toutes les raisons de l'être. Il voyait en effet grandir non seulement les murs et les tours de son château, mais également une fille d'une grande beauté, la plus belle à vrai dire de toute la région. Elle s'appelait Elisabeth, et lorsqu'elle fut arrivée à l'âge de jeune fille, les prétendants de bonne famille se pressaient au château de son père, le seigneur d'Eppstein. Ils furent tous reçus très courtoisement et ne manquaient jamais de recevoir quelques paroles aimables lorsqu'ils quittaient le château, leur demande non satisfaite. L'un d'eux, pourtant, eut plus de chance. Siegbert de Lahneck avait conquis le coeur d'Elisabeth; il faut dire qu'il en était digne.

Au beau milieu des préparatifs du mariage, tous les hobereaux et les chevaliers furent appelés à combattre contre la Bohême. L'empereur Rodolphe de Habsbourg partit en guerre contre le roi Otakar, son redoutable ennemi. Et Siegbert de Lahneck dut suivre l'étendard de l'empereur. Les adieux des deux fiancés furent très amers. Plus douloureuse encore fut l'attente qui suivit. La guerre ne cessait de traîner en longueur jusqu'au moment où la bataille sanglante de Marchfeld coûta la mort au

roi Otakar et consacra la victoire de l'empereur Rodolphe de Habsbourg.
Parmi les valeureux guerriers qui rentraient au pays, il manquait pourtant Siegbert de Lahneck. Il ne revint pas ; l'on disait même qu'il avait disparu. Un an plus tard, un jeune homme en cuirasse noire et à l'allure arrogante se présenta au château de Lahneck. Il affirma être Rochus d'Andechs, le cousin de Siegbert, qui était tombé à la bataille de Marchfeld. Il fit valoir ses droits sur l'héritage et s'appropria le château de Lahneck. Il ne s'en tint pas là. Il se rendit également au château d'Eppstein et demanda à son hôte la main de sa fille Elisabeth.
Celle-ci ne s'était pas encore consolée de la perte de son fiancé Siegbert. Il était encore beausoup trop tôt pour une nouvelle demande en mariage. Et l'homme qui lui demandait sa main était si différent de celui qu'elle avait aimé jadis ! Elle regarda le chevalier noir d'un oeil inquisiteur. Quelque chose en lui la rebutait, mais elle n'aurait su dire quoi. Car Rochus d'Andechs séduisait par sa prestance et son étrange beauté. Il donnait une impression d'aisance, son comportement était irréprochable, mais la convoitise brillait dans ses yeux. Il était riche, certes, mais il avait le coeur sec. Il n'arrivait pas à se faire aimer de la jeune fille.
Peu de temps auparavant, le château d'Eppstein –qui ne s'appelait pas encore à l'époque le château de Mark– avait reçu un prêtre, un jeune moine envoyé par le couvent de Bornhofen. Il avait une assurance naturelle qui trahissait son appartenance à quelque famille de chevaliers. Il avait appris la profonde dou-

leur d'Elisabeth après la perte de son fiancé et s'était proposé de l'aider à la surmonter. Il s'appellait Frère Mark, d'après le nom de son Saint Patron auquel était également vouée la chapelle du château dont il s'occupait à présent.

Après la demande en mariage de Rochus, Elisabeth s'en alla trouver le pieux moine et lui ouvrit son coeur. Elle reconnut que le chevalier noir l'avait impressionnée, mais qu'un pressentiment qu'elle ne pouvait expliquer la mettait en garde contre lui. La sombre personnalité de Rochus d'Andechs ne pouvait avoir sur Mark le même effet séducteur que sur la demoiselle d'Eppstein. Il nourrissait pour le chevalier noir une aversion encore plus profonde. Ce dernier semblait également vouer au moine une sorte de haine. Quant au seigneur d'Eppstein, il conseilla vivement à sa fille, la belle Elisabeth, d'épouser Rochus. Le mariage fut ensuite décidé et l'on en fixa même la date.

A la veille du mariage, le moine Mark, agenouillé, implorait son Saint Patron de sauver le bonheur et l'âme d'Elisabeth. Il le sentait : elle était en danger de mort. Et il savait que seul, il ne pouvait la sauver. Alors, au beau milieur de la nuit, tandis que les invités, tout heureux en songeant aux festivités du lendemain, dansaient et festoyaient dans la cour du château ou dans la salle des chevaliers, la petite chapelle resplendit tout à coup d'une lueur céleste. Le moine vit alors apparaître Saint Marc l'Evangéliste. ,,Tu as imploré mon aide d'un coeur pur", dit l'oint du Seigneur à Mark. ,,Résiste au mal et sauve la jeune fille qui a demandé ta protection ! Sache que l'homme qui prétend se nommer Rochus d'Andechs appartient aux

princes des ténèbres ! Touche-le de cette croix bénite que tu as dans la main." Il la lui tendit et disparut.
Lorsque le lendemain, le fiancé s'approcha de Mark, dans un bruit d'éperons, pour être uni à Elisabeth, le moine suivit les recommandations de Saint Marc. Il lui appliqua la croix sur la poitrine et prononça à trois reprises les formules d'invocation contre le diable. Alors Rochus se mit à frapper le sol du pied comme un cheval piaffant. La terre s'ouvrit et il fut englouti devant la mariée terrifiée et tous les invités. Elisabeth ne surmonta pas ce deuxième coup du destin. Elle se retira dans un cloître et mourut peu de temps après. Mais le château qui avait été le théâtre du miracle de Saint Marc s'appela désormais le Marksburg, le château de Mark.

Le Rhin raconte:

LE ROI WENZEL PERD SA COURONNE À RHENS

Si le roi Wenzel obtint en 1378 la couronne allemande, c'est surtout –mais pas uniquement non plus– grâce à son propre père, l'empereur Charles IV qui donna à Prague le surnom de „Prague la dorée". Son règne fut également marqué par la Bulle d'or en 1356 qui régla, à partir de ce moment-là, les conditions de l'élection de tous les empereurs et monarques allemands. Alors qu'en France et en Angleterre, en Espagne et au Portugal, c'était chaque fois le fils aîné qui succédait au roi défunt, le futur empereur ou roi d'Allemagne était choisi, élu par sept Electeurs. Et chacun des prétendants au trône ne devait pas avoir peur de délier sa bourse pour être assuré de son élection.

Wenzel était connu pour son sens de l'épargne. Cela le chagrinait d'avoir acheté son droit à la couronne. Mais ce qui le chagrinait encore davantage, c'était la morgue des princes électeurs. Tous les ans, lorsqu'ils se réunissaient à Rhens au printemps, et que Wenzel prenait place sur le trône (un trône que l'on peut encore admirer de nos jours), ils lui faisaient sentir qu'il n'avait au fond rien de plus que les autres. Wenzel était aussi roi de Bohême et par conséquent prince électeur du Saint Empireromaingermanique.Ce double rôle d'élu et d'Electeur, il le devait à son père. Et comme il ne pouvait et ne voulait re-

noncer à son droit d'Electeur, il lui fallait bien supporter toutes les paroles injurieuses dont les six autres ne se privaient pas, en cette occasion si propice, pour le rendre de fort mauvaise humeur.
En l'an de grâce 1400, ils dépassèrent les bornes. Wenzel jugeait leurs coups d'épingle décidément révoltants. Et lorsqu'un jour on lui donna, à lui dont le penchant pour le vin était aussi légendaire que son aversion pour le travail, un gobelet de vin de Moselle fleurant le vinaigre, il jura solennellement de remettre sa couronne à quiconque lui apporterait le lendemain matin un tonneau de noble vin du Palatinat. A cette époque, il fallait cinq jours de bateau pour aller du Palatinat à Rhens. Wenzel pouvait être sûr, donc, qu'on ne le prendrait pas au mot.
Mais le prince électeur palatin, Ruprecht, savait pourquoi il avait lancé ce pari. Et buveur de vin comme il l'était, il ne serait jamais venu à Rhens sans deux barriques du meilleur des vins palatins. Il fut donc facile à Ruprecht le lendemain matin de faire apporter, par quatre hommes forts, le meilleur de ses tonneaux de vin. Et lorsqu'ils en enlevèrent la bonde, il s'en dégagea un de ces bouquets à vous réveiller un mort pour peu qu'il s'y connût en vins.
Lorsque Wenzel aperçut le tonneau, il devint blanc comme un linge. Mais il avait parié, et ce pari, il venait à présent de le perdre. Non sans un sourire moqueur, les princes électeurs lui retirèrent, conformément à leurs prérogatives, son droit à la couronne. Celle-ci fut attribuée au prince électeur palatin Ruprecht. Wenzel n'avait plus maintenant que la couronne de

Bohême et resta, à ce titre, prince électeur jusqu'à sa mort, en 1419. En 1410, il fit usage de son droit de vote lorsque le vieux roi Ruprecht mourut. Mais plus jamais Wenzel ne se risqua à parier du vin palatin.

Le Rhin raconte:

MARIAGE DE NAINS À COBLENCE

La Wisper, une vive enfant de mon voisin le Taunus, se jette dans mes bras à Lorch, ou plutôt dans mon bras droit qui s'ouvre à elle derrière l'île. Je l'aime spécialement car elle est jeune et fraîche, et me murmure volontiers des choses nouvelles. Pour d'autres, elle est plutôt renfermée. Dans sa vallée enchantée, elle n'a jamais supporté d'autres hommes que de ci de là un châtelein à l'air hautain – avant tout à cause de ses écuyers – et deux ou trois meuniers à qui elle faisait tourner les roues et en secret aussi les têtes. Sur ses pentes recouvertes de forêts, la vie se passe gaiement aussi, même si peu de choses apparaît au grand jour. Le cerf et le chevreuil, le sanglier et le lièvre, le renard et le faisan y mènent une belle vie. Et dans les profondeurs de la terre vit le peuple laborieux des nains ; la vallée de la Wisper est son pays.

Les gnomes sont des gens sédentaires car ils sont obligés de rester là où il y a, à proximité, des perles de rivières, des veines d'or, du minerai d'argent et des pierres précieuses. Mais de temps en temps, l'envie de voyager les saisit, surtout les jeunes nains, car ce ne sont pas tous des grincheux à longue barbe. La Wisper me le fait alors savoir et je m'occupe de trouver un moyen de transport, un radeau de bois par exemple qui vient de la Forêt Noire et qui veut aller en Hollande.

Il y a de longues années, un peuple de nains est descendu jusqu'à Coblence et s'est niché là dans les caves où il est entreposé à profusion, où il vieillit et embaume, le vin sec de Sarre et de Moselle, le vin doux du Rheingau et du Palatinat, le vin rouge mais plutôt le blanc, le vieux vin et le jeune, bref de quoi faire déborder le coeur et les yeux. C'était un paradis d'une autre sorte pour les nains de la Wisper. L'or y était liquide et des perles remontaient à la surface des gobelets d'argent pleins de Riesling. Les orfèvres devinrent d'habiles tonneliers, et ils se sentaient bien à Coblence où ils croissèrent et se multiplièrent. Mais auparavant, on célébrait des noces comme il se doit aussi chez les nains.

Or, il y eut dans cette ville, près de l'Eglise de Saint-Florin, une vieille maison royale toute grise qui servait de quartier pour la nuit lorsqu'une tête couronnée était de passage ou qu'une tête non couronnée essayait d'aller obtenir la couronne à Aix-la-Chapelle. Le reste du temps, les chambres à coucher, la cuisine et la salle des banquets étaient vides et pour ne pas qu'elles s'empoussièrent complètement et ne deviennent le logis des souris et des araignées, les bons bourgeois de la ville s'étaient donné pour agréable tâche de célébrer les mariages dans ces salles de fête.

Cette coutume est arrivée aux oreilles des nains car l'un d'entre eux, qui était déjà complètement ivre après avoir bu quatre ou cinq dés à coudre de vin, s'était endormi sur le fond d'un tonneau et sans être remarqué par les hommes qui devaient livrer en vin un mariage, se trouva emmené dans la maison royale. Il fit de grands yeux en voyant tous ces gens heureux qui dansaient, festoyaient, faisaient bombance, qui siro-

taient, ripaillaient et faisaient ribote, qui flirtaient et embrassaient comme c'est l'habitude aux mariages. Je ne sais comment il parvint à se retrouver indemne à la cave où habitait son peuple à travers tous ces pieds en chaussures et en bottes, ou en fines pantoufles de velours.
Mais dès la prochaine occasion, les nains ont eux aussi fêté, mais en secret, un mariage dans la maison royale. Mais moi, le Rhin, je ne devais pas y assister, ou ils avaient oublié de m'inviter. De même, ils n'avaient pas fait cet honneur à ma fille préférée, la Moselle. J'en ai bien reconnu la raison. Leurs petits tonneaux ne pouvaient pas suffir à régaler en vin de bons buveurs. Et ils étaient incapables d'en transporter de plus grands. Je décidai alors d'arriver pour ainsi dire à l'improviste et d'apporter mon propre vin, le ,,Markobrunner Spätlese''. C'est un vigoureux marinier qui me l'apporta en barriques à Coblence et je suis assez fort pour le monter jusqu'en haut de l'escalier. Mais pour épargner aux nains la peine de tirer au tonneau et de servir en pleine nuit, je fis fêter mariage, dès le début de l'après-midi dans la même salle, à une bonne fille de Coblence et au fils de mon batelier de Bingen. Ils élevaient leur verre, et c'était délicieux. Comme cela ne coûtait rien et descendait bien le gosier, beaucoup en burent un verre de trop. Et lorsque les derniers invités sortirent en vacillant, il y avait encore suffisamment de nourriture et de boisson sur la table pour nourir plus de nains qu'il n'y avait de maisons dans tout Coblence. Mais le fiancé était couché sous la table, complètement ivre, et dormait. Ce n'était pas du tout ce qu'espérait la fiancée. Elle devait maintenant gagner toute seule le lit

nuptial, joliment décoré, qui se trouvait dans le coin de la salle. La mariée pleura beaucoup et se sentit abandonnée. Mais elle n'est pas restée seule, même si elle ne s'en est guère aperçue au départ. Car, entre-temps, les nains s'étaient mis en route et une fois arrivés, avaient allumé tout joyeux des torches et des bougies. La mariée eut très peur lorsqu'il se fit jour autour d'elle, elle ouvrit tout grand les yeux et les oreilles en croyant toujours rêver. Elle se cacha sous les couvertures et les coussins, et risqua un oeil. De la musique résonnait dans toute sa douceur et sa tendresse, de petits pieds minuscules frappaient le sol en dansant et de nouveau, on recommença à festoyer et à faire bombance, à boire et à jubiler, mais le tout était étonnamment silencieux, je ne puis dire si cela lui fut agréable ou non. Car avec les mariées, on ne peut jamais dire exactement.
Mais ce fut le drame lorsque le mariage des nains toucha à sa fin. Les invités commencèrent d'abord par se retirer, puis les derniers s'en allèrent sur leurs jambes mal assurées, le marié et la mariée, lui agréablement léger mais maître de ses sens, elle brûlant d'une attente pleine de félicité, voulurent enfin gagner le lit conjugal. Mais ils le trouvèrent occupé. Lorsqu'ils soulevèrent la couverture, ils virent la mariée, délaissée. Elle s'était blottie dans un coin et se cachait de peur le visage derrière un coussin. Le couple de nains eut aussi peur, car dans la nuit de noces, aucun couple ne partagerait sa couche avec un autre. Alors ils commencèrent à gronder et à faire du tapage, plus fort que ce que vous pourriez attendre d'un couple de nains. Si petits soient-ils ceux qui vivent sous terre, si grandes peuvent

être leur indignation et leur faculé de nuire lorsqu'ils ont envie de nuire. Ils menacèrent de mort et de ruine la grande fiancée, cette pauvre femme qui les privait sans le vouloir des joies de la nuit.
C'en fut de trop pour la jeune mariée délaissée. Elle répandit des torrents de larmes ; le couple de nains en fut ému et lui fit raconter son chagrin et sa douleur. Mais avant de s'en aller passer la nuit ailleurs, ils lui ordonnèrent de prévenir tout Coblence de ne plus fêter de mariage, ici, dans la maison royale. Et comme je connais les habitants de Coblence, ils s'en tiennent, aujourd'hui encore, à cet ordre.

Le Rhin raconte:

JAN ET GRIET ET EHRENBREITSTEIN

L'homme qui devait accomplir une des actions armées les plus brillantes de la guerre de Trente ans était fils de pauvres gens et lui-même, à l'origine, rien de plus qu'un valet de ferme. Mais avant que ce jeune homme n'aille sous les drapeaux et ne devienne soldat dans la cavalerie, cuirassier ou dragon – je ne sais plus comment cela s'appelait à cette époque – Jan a tenté sa chance d'une toute autre façon que ce qui lui était destiné. Il travaillait durement dans la ferme de paysans qui habitaient juste devant les remparts de la ville de Cologne, au bord du Rhin.

Il avait affermé à l'un d'eux beaucoup de terre comme ,,Halfe" c'est ainsi que l'on nommait ceux qui devaient donner comme bail la moitié du revenu. C'est dur à entendre, mais le sol autour de Cologne était fertile et rapportait à ceux qui se donnaient du mal de bonnes récoltes.

Le rêve de ce valet travailleur était de devenir lui aussi un jour paysan et de pouvoir affermer ses terres, mais c'était un espoir irréalisable. Pour atteindre ce but, en travaillant de ses seules mains puissantes, il lui aurait fallu pratiquement deux générations de dur labeur. Mais il y avait Margarethe, l'enfant unique du paysan. Cela aurait été une double chance que d'épouser la jeune fille. Ce n'était pas seulement un trésor, mais en plus, elle aurait un jour tout hérité de son père. Jan fit donc les yeux doux à Gretchen, ou à Griet comme on dit à Cologne, et lorsque celle-ci lui répondit d'un sourire malicieux, il la demanda en mariage. C'était alors qu'ils se trouvaient tous deux au Vieux Marché à Cologne en train de vendre des oeufs, des volailles, des légumes et des pommes.

Mais Griet ou Gretchen, malgré la belle apparence de Jan, visait plus haut qu'un valet de ferme. ,,Je veux un ,,Halfe" digne de ce nom!" répondit-elle insolemment en éconduisant Jan. Dans sa déception, il suivit un recruteur qui promettait monts et merveilles à de jeunes hommes forts et vigoureux. Jan devint donc soldat, un bon soldat, qui eut, de surcroit, du succès. Il a bien soigné le cheval qu'on lui avait donné – car il était tombé dans un régiment de cavalerie – il a toujours fait reluire ses armes et ses cuirs et il n'a jamais manqué non plus de courage. Il a sans cesse monté en grade, et jeune encore, il se vit bientôt confier un régiment, ce qui, en ce temps-là, était presque uniquement réservé aux fils de la noblesse. Pour faire oublier sa modeste extraction, il se nomma à partir de ce moment-là ,,Jan von Werth" car il était né sur une ,,Werth", c'est ainsi que l'on appelle mes îles dans le Rhin.

L'étoile de Jan monta lorsqu'en 1631 Philipp Christoph von Sötern, archevêque et prince électeur de Trèves, livra aux mains des Français Ehrenbreitstein, la plus importante fortification de la vallée du Rhin, près de Coblence. La château avait été construit à un endroit tellement propice qu'on le disait imprenable. Les armées impériales ne pouvaient pas se consoler de sa perte. Le prince électeur eut tôt fait de prendre la fuite, certes, mais il fut rattrapé à Trèves et jeté en prison à Vienne où il

est resté les dix années suivantes. Il a passé le reste de ses jours dans le château d'Ehrenbreitstein qui a été repris cinq ans après la trahison.

Assiéger la forteresse et l'affamer était au dessus des forces des armées impériales. Mais elles devaient le reprendre, cet immense château. Les Français avaient en effet dans leur jeu une bonne partie des atouts de l'Empire. Alors Jan von Werth ss'offrit de risquer un coup de main. A la faveur de la nuit, il attaqua par surprise les gardes et les sentinelles qui gardaient les entrées du château et il se retrouva au coeur même de la forteresse avant que les occupants n'aient eu le temps de se frotter les yeux.

C'est avec le grade de général de cavalerie que le vainqueur revint à Cologne, sa ville natale. Alors qu'il traversait à cheval le Vieux Marché, il y avait là, comme depuis bien longtemps, Gretchen, la fille du paysan, qui vendait ses fruits et ses légumes. Dans son riche équipage, il passa devant son étal et enleva son chapeau à plumes. Elle crut rêver lorsqu'elle le reconnut et ne sut rien dire de mieux que ,,Jan, si j'avais su !" et il lui répondit : ,,Griet, et qui ne m'a pas pris ?" Et lorsque Jan reprit son chemin, Griet le regarda longuement s'éloigner. Aujourd'hui encore on peut voir sur le Vieux Marché le monument du général de cavalerie, cet homme du peuple qui a reconquis Ehrenbreitstein.

Le Rhin raconte:

LES GARÇONS BOULANGERS D'ANDERNACH

Les gens sur ma rive droite en ont toujours voulu – ils n'ont pas encore changé d'ailleurs ! – à ceux de ma rive gauche. C'est sur ma rive gauche en effet que sont nées les villes qui ont pris de l'ampleur et de l'importance par la suite : Mayence, Coblence, Bonn et Cologne, sans parler de toutes ces petites cités vaillantes, Bingen, Bacharach, Oberwesel, Boppard, Andernach, pour ne citer que les plus connues. C'est sur ma rive gauche également qu'a toujours habité la majorité de mes riverains. Ma rive droite était elle aussi peuplée, certes, mais ses habitants étaient assujettis aux riverains de gauche, voire même à des seigneurs étrangers qui demeuraient quelque part dans les forêts, bien loin de mes rives. Toujours est-il qu'ils se sentaient inférieurs, et qui pourrait le supporter ?
Les riverains de gauche et ceux de droite ne faisaient donc que se quereller sans cesse. Ils se livraient entre eux à toutes sortes de facéties, ne manquaient jamais de verser du sel dans la soupe au lait du voisin – pour ainsi dire – d'en face, se volaient réciproquenemt les femmes, ce qui ma foi passe encore tant qu'il y en a suffisamment d'autres pour les remplacer. Mais même les réserves de poissons des uns, des réserves remplies d'écrevisses, de saumons et d'anguilles, n'étaient pas à l'abri des coups bas des autres. Cela frisait même l'acte délictueux, car nul n'ignore combien il est difficile de remplacer ce qui fait les délices du carême.

Par une action aussi ignoble, les riverains de gauche d'Andernach avait provoqué la colère violente des riverains de droite de Leutesdorf; ceux-ci cultivent la vigne, ils aiment aussi le boire, leur vin rouge, et c'est la raison peut-être pour laquelle ils voient plus facilement rouge que les lourds buveurs de bière d'Andernach. Toujours est-il que les gens de Leutesdorf décidèrent de tirer vengeance, d'entrer en campagne, ou plutôt, comme il n'y a pas de campagne à traverser entre les deux, de s'embarquer de nuit, dans le cliquetis des épées et à la lueur des torches, pour mettre le cap sur Andernach dont l'imposant mur d'enceinte n'est parcouru à la tombée du jour que par des chats errants. Comme les attaquants devaient d'abord remonter mon cours en longeant, bien sûr, „leur" rive pour ne pas dévoiler avant l'heure leurs mauvaises intentions aux habitants d'Andernach, leur colère dut être sans borne, car il n'est pas facile de tenir tête à mes flots particulièrement puissants devant Leutesdorf.
Ce n'est que vers trois heures et demie du matin que leur embarcation atteignit l'embouchure de la fringante Wied et se dirigea alors, dans le sens du courant cette fois, vers la rive gauche qui n'était plus, si l'on peut dire, qu'à deux pas. Et pour ne pas être entraînés dans les tourbillons devant ma rive gauche et plus précisément devant les murs d'enceinte d'Andernach, il avaient allumé deux torches, l'une à l'avant du bateau, l'autre à la barre. Ce fut là leur erreur.
Vers quatre heures du matin les habitants de Leutesdorf s'approchèrent de la rive. C'était l'heure à laquelle les boulangers se mettaient au travail. Deux garçons boulangers qui habitaient près de la Liebfrauenkirche, l'église Notre-Dame, s'étaient mis en route pour le fournil, et au lieu de passer par les rues non pavées et boueuses qui aurait sali le bas de leurs

pantalons blancs de boulangers, ils avaient emprunté le chemin de ronde qui, lui, était sec jusqu'aux tours du château. Chemin faisant, ils jetèrent un coup d'oeil vers mes eaux à l'horizon desquelles le jour ne devait pas tarder à poindre. C'est alors qu'ils aperçurent, à la lueur des torches, un groupe d'hommes armés en train de se diriger en bateau vers leur ville. Les deux jeunes apprentis dévalèrent le premier escalier qu'ils virent et une fois dans la rue, ils se mirent à tambouriner à chaque porte : ,,Alerte ! Alerte ! L'ennemi est en train de passer le Rhin !" Tout le monde courait et tempêtait. Nombreux étaient ceux qui se pressaient en chemise de nuit mais l'arme à la main vers les tours et les portes du mur d'enceinte où chacun avait sa propre position à défendre en cas de danger. Mais comme il faisait encore sombre, l'un des héros trébucha dans sa course sur deux ruches que son voisin voulait faire transporter dans son jardin et qu'il avait déposées en attendant devant sa porte. En sentant leur demeure rouler sur le sol, les abeilles furent d'abord prises de désarroi et sentirent ensuite la colère monter en elles. Elles commencèrent par bourdonner de toutes leurs forces et se pressèrent par centaines vers la fente de sortie de chaque ruche que l'apiculteur, par mesure de précaution, avait fermée et calée avant le transport. L'un des deux garçons boulangers eut alors l'astucieuse idée de faire de ces abeilles déchaînées les alliées des habitants d'Andernach. Chacun des deux apprentis s'arma donc d'une ruche hermétiquement fermée. Entre-temps, les habitants de Leutesdorf avaient mis pied à terre et avaient déjà posé deux grandes échelles contre le mur d'enceinte de la ville. Et, alors qu'ils commençaient à en gravir lestement les barreaux, les plus rapides –et c'étaient leurs meneurs– reçurent chacun, avant même d'avoir atteint les créneaux et le chemin de ronde, une

ruche sur la tête, une ruche que la pointe de leur casque empala, laissant s'échapper le miel qui coulait à présent sur leurs joues. Les garçons boulangers ne s'en tinrent pas là : avec le dos de leur hache d'armes, ils donnèrent de grands coups dans les ruches, ce qui acheva d'enfoncer complètement la tête des combattants les plus empressés dans la masse des rayons de miel et des nids d'abeilles.
Animés déjà d'un zèle aveugle, les attaquants se trouvaient maintenant aux prises avec des abeilles, et quelles abeilles ! Hurlant, ils se laissèrent glisser à califourchon le long des montants des échelles, entraînant dans leur chute tous ceux qui étaient montés derrière eux. Dans tout ce tumulte, les abeilles n'étaient pas restées inactives, au contraire. Leurs légions ne se contentaient pas de bourdonner de façon menaçante ; chacune d'elle plantait son dard là où il apparaissait encore la moindre petite parcelle de peau humaine. Ile ne restait plus aux attaquants qu'une seule chose à faire : fuir à toutes jambes pour aller se jeter dans mes flots. Seul celui qui plongeait était débarrassé de ces insectes persécuteurs. Voilà pourquoi l'attaque nocture tomba littéralement à l'eau. Les héros de la rive droite eurent à subir non seulement la défaite mais également les plaisanteries, sans compter les pénibles boursouflures aux mains et au visage.
Les deux garçons boulangers furent fêtés comme des héros à Andernach, qui les rendit immortels pour la postérité. Aujourd'hui encore, celui qui veut gagner par la Rheintor, la porte du Rhin, les étroites ruelles du quartier riverain d'Andernach, verra au-dessus de l'arceau deux veilleurs en pierre. Ces statues représentent les deux garçons boulangers et symbolisent depuis plus de 800 ans maintenant leur vigilance et leur ruse.

Le Rhin raconte:

GENEVIÈVE DE MAYEN

J'ai vu pour la première fois la belle Geneviève lorsque son père l'amena à son fiancé. Elle avait grandi loin derrière les Vosges, en France, où on la vénère encore aujourd'hui. Son fiancé était le jeune comte qui régnait sur le Maifeld. Son château se dressait à Mayen et il doit encore y exister comme je l'ai entendu dire. Le comte s'appelait Siegfried et en ce temps là c'était un bel homme blond et vigoureux, lorsqu'il l'a aidée à Andernach à mettre pied à terre en descendant du bateau. C'étaient des temps troublés. Des rois faibles ne laissaient pas seulement garder leur cour et leur personnel par des maires du palais. De plus en plus ils leur confiaient le soin de régner et ils ne conservaient pour eux que les honneurs. Mais seuls les enfants ont le droit de jouer au roi.
Parmi les maires du palais, Charles Martel était un homme d'une valeur extraordinaire. Son petit-fils Charlemagne est devenu roi lui-même, comme vous le savez tous. Charles Martel qui se contentait encore de rester maire du palais s'est fait un nom lors d'une victoire qui a enlevé définitivement aux Arabes l'envie d'arriver à cheval jusqu'à mes rives. Quel est le rapport avec Geneviève ? Eh bien, en ces temps si troublés, les pères soucieux aimaient marier leur fille préférée dans des régions où ils savait qu'elle était en sécurité. Car les Arabes venaient de conquérir l'Espagne et ils poussaient de dangereuses pointes de reconnaissance dans le royaume des Francs. Sans cesse on appelait les nobles Francs de tout le pays pour le dé-

fendre et c'est à l'occasion d'une de ces sommations que Siegfried fit connaissance du père de Geneviève. Donc le père amena de Strasbourg en bateau sa fille dans les bras de Siegfried et comme je m'étais chargé du transport, j'ai dû entendre toute l'histoire une douzaine de fois, que je le veuille ou non. Geneviève semble avoir déjà fait la connaissance de Siegfried dans son pays à elle. Il est pensable que la belle Geneviève ait rêvé de devenir un jour sa femme. Mais peut-être aussi ne lui avait-elle prêté aucune attention. De toute façon, on ne lui aurait pas demandé si elle l'aimait ou non. Un mariage devait être plutôt le résultat de considérations politiques. Mais Geneviève la blonde ne semblait pas être malheureuse du choix de son père et pendant un certain temps le fiancé galoppait tous les jours le long d'une de mes rives pour scruter du regard en amont de mon cours. Visiblement Siegfried n'en pouvait plus d'attendre Geneviève. Lorsqu'elle arriva enfin, il la contempla comme s'il perdait la tête. Et elle en était digne aussi, tellement elle était belle et charmante.
Mais malheureusement leur bonheur ne devait pas être de longue durée. De nouveau Charles Martel envoya des messagers pour prier ses nobles de prendre les armes pour défendre le coeur du royaume. Il les conduisit sur un vieux champ de bataille qu'il avait proposé aux Arabes pour le combat décisif. Et c'est là que l'armée des sabres courbes qui portait à sa tête le drapeau vert de son prophète fut si furieusement malmenée que, depuis cette bataille avec Charles Martel, les Arabes l'ont toujours évité.
Mais chaque combat apporte toujours du chagrin, aussi bien avant qu'après. C'était le destin de Geneviève de devoir laisser seulement quelques lunes après leur mariage son cher époux à

l'issue incertaine de combats sanglants. Il la confia à son vassal, Golo, qu'il laissa sur place pour défendre sa maison, sa cour, ses biens et ses chevaux. Il savait que l'on pouvait compter sur lui pour toutes les affaires. Golo s'était toujours comporté comme si la propriété de son seigneur avait été la sienne propre.

Qu'il voulût en faire autant avec l'épouse de son seigneur, peut-être qu'une autre ne lui en aurait même pas voulu. Mais Geneviève portait en son sein un enfant et elle n'aimait pas du tout le changement. Et de plus elle n'avait pas l'ombre d'un penchant pour le sombre Golo. Lorsqu'il devint importun, elle menaça de porter plainte contre lui devant son seigneur. Il la devança en l'accusant d'infidélité devant tout le monde à la cour du château. Elle aurait séduit un tout jeune palefrenier qu'il fit tout de suite ligoter et emmener afin que celui-ci n'ait pas la possibilité de se justifier ainsi que la femme de son seigneur. Puis on enferma Geneviève jusqu'au retour du comte qui devrait la juger, dans les oubliettes sous le donjon et c'est là que des mois après elle mit au monde dans la souffrance son enfant.

Cela signifiait pour Golo un nouveau danger. Car quel serait l'homme qui pourrait se promouvoir juge de la mère de son enfant et voudrait même la condamner ? C'est pourquoi l'infidèle écrivit une lettre à son seigneur, où il mit tous les torts sur Geneviève et dégrada même le nouveau-né en disant que c'était le fruit de l'adultère. Dans sa lettre de réponse le comte Siegfried, aveuglé de déception et de rage, lui ordonna d'emmener la femme et le nourrisson dans la forêt sauvage et de les y faire tuer. Golo transmit cet ordre à deux hommes, à qui on livra la mère et l'enfant. Comme preuve de l'exécution du jugement, ils devaient rapporter les langues des victimes contre

un bon prix, comme il était d'usage de le remettre aux bourreaux.
Mais tous les deux n'étaient pas aussi dépourvus de coeur qu'ils en avaient eu l'air en acceptant la mission. Ils se laissèrent toucher par le désespoir de la femme et l'innocence de l'enfant et ne voulurent pas se souiller les mains avec leur sang. Ils les laissèrent donc en liberté au coeur de l'horrible forêt. Puis il tuèrent un chevreuil et son petit et leur coupèrent la langue à tous les deux, pour prouver ainsi la mort de Geneviève et de son fils. Golo poussa un soupir de soulagement en les voyant. Maintenant il n'avait plus rien à craindre.
Peu de temps après le comte Siegfried rentra à cheval à son château qu'avait déserté la joie. Il regrettait bien ce qui était arrivé, mais sa fierté masculine lui faisait justifier le crime atroce, même si au fond de son coeur il se rongeait de chagrin. Souvent il cherchait à se distraire en allant à la chasse. Personne ne saurait dire s'il y réussit. Mais moi, je peux affirmer qu'il évitait ma rive comme la peste et surtout l'endroit où autrefois il avait aidé Geneviève la blonde à descendre du bateau.
Lorsque les valets de Golo l'avait abandonnée, Geneviève avait fui sans manger ni boire, le plus loin qu'elle avait pu avec le nourrisson dans les bras. Elle était vêtue d'une simple haire et portait à ses pieds délicats de par trop grossières chaussures. Mais bientôt elle et son enfant eurent faim, mais pour pouvoir l'allaiter elle était bien trop faible. Les baies de la forêt ne conviennent pas comme nourriture à un nouveau-né et elles ne remplissent pas les seins de la mère, et son estomac non plus. Désespérée elle trébucha en continuant à marcher et finalement elle s'affaissa au bord d'un grand lac calme au pied d'un mur de rocher qui se dressait presque verticalement de-

vant elle. Ce n'est que lorsqu'elle fut couchée par terre qu'elle reconnut l'entrée d'une grotte sèche et pas très profonde. Mais avant qu'elle n'ose s'aventurer dans le noir où elle ne savait pas si un animal sauvage habitait, une biche blanche sortit assoiffée de l'enchevêtrement des arbres qui allait jusqu'au lac. Elle n'évitait pas la proximité humaine, non, elle la recherchait ; et Geneviève remarqua la détresse de la biche en voyant son pis gonflé. Elle se mit donc à traire la bête qui souffrait et elle prit assez de lait pour remplir son gobelet. Elle donna à boire à son enfant et comme la biche ne se lassait pas d'offrir son lait, Geneviève en but aussi. Il avait le goût de noisettes fraîches. Cela lui redonna aussi un peu de force.
La biche blanche resta en compagnie de la nouvelle habitante de la forêt. Bientôt la jeune femme apprit où mûrissaient les noisettes et où poussaient les champignons comestibles dans le sol odorant de la forêt. Elle trouva du plaisir à chercher et à cueillir ; ici elle trouvait un oeuf frais d'oiseau, là elle pêchait un poisson du lac sombre. Et toujours la biche restait près d'elle, se laissait caresser par Geneviève et continuait à se proposer comme nourrice de l'enfant lorsque celui-ci avait appris à se tenir debout et commençait déjà à marcher. La vie de la belle femme de la forêt avait reçu un tout nouveau sens avec le joyeux petit garçon. Il lui rendait son courage et sa joie de vivre.
Le secret de la grotte dans la forêt serait encore resté caché longtemps du reste du monde, si un jour la conscience troublée du comte Siegfried ne l'avait attiré sans le vouloir dans les parages du lac. Son ardeur à la chasse s'était déjà ralentie à cause de la fatigue, mais elle se réveilla soudain comme une flamme lorsqu'à proximité il vit brouter une biche blanche sur

la rive. Il banda tout de suite son arbalète et s'approcha contre le vent vers l'animal rare.
Mais une branche qui craqua le trahit et d'un bond immense la biche s'enfuit dans les arbres de la forêt. Lorsque Siegfried se mit alors à la poursuivre, il se trouva soudain en face d'une femme blonde qui tenait un robuste petit garçon par la main. Personne ne sait s'il la reconnut d'abord, ou si c'est elle qui le reconnut. Il les attira contre son coeur, si bien que le petit garçon commença à pleurer, vous pouvez me croire. Lorsque la première explosion des sentiments s'est calmée, elle lui a raconté la vraie histoire de sa condamnation et de son sauvetage. Golo dut expier durement son crime lorsque le comte le confronta avec ceux que l'on croyait morts.
Geneviève revint avec son époux et le fils de leur amour au château de Mayen sur le Maifeld. Plus tard le comte Siegfried a fait construire une magnifique église sur le bord du lac où elle a vécu pendant deux ans comme une ,,femme sauvage'', où il l'a enfin retrouvée et où elle put se justifier. Et lorsqu'après une vie heureuse, où elle fut déjà vénérée comme une sainte, elle quitta ce monde, il fit construire sur ma rive à l'endroit où il l'avait aidée autrefois à sortir du batau une église funéraire que vous pouvez aujourd'hui encore admirer : la ,,Liebfrauenkirche'' d'Andernach.

Le Rhin raconte:

LE COMBAT DE SIEGFRIED AU DRACHENFELS

Les dragons sont des créatures des temps préhistoriques. Bien avant qu'il n'y eût des hommes sur notre planète, des masses de pierres liquides jaillirent des entrailles brûlantes de la terre. La lave incandescente était parfois projetée très haut dans l'air qu'elle remplissait de fumée et de vapeurs de soufre. Ce monde des puissances primitives et de la force destructrice était fait pour les dragons. Ils avaient une force prodigieuse et ressemblaient à d'immenses crocodiles de la préhistoire. Ils étaient d'une voracité effrayante. Ils tuaient leurs proies de leurs griffes de fer et de leurs dents redoutables. Par de grands coups de queue, ils assommaient plus d'une victime et s'assommaient même entre eux. Ils avaient le dos protégé par une carapace formée d'immenses plaques de peau dure, et hérissé d'une sorte de crête en dents de scie. Lorsqu'ils étaient en colère, leurs naseaux d'un rouge écarlate crachaient de la fumée et des flammes. Ils se retranchaient dans des cavernes ou des fentes de rocher pour guetter leurs victimes.

Lorsque les premiers hommes vinrent s'installer dans ma vallée, les dragons étaient déjà devenus des créatures rares. Leurs cruels instincts sanguinaires les avaient conduits à se tuer les uns les autres et pratiquement à s'exterminer. Il n'en restait plus qu'un qui vivait en solitaire dans le Siebengebirge, la région des sept collines. Il est encore possible aujourd'hui de visiter sa caverne dans la paroi du Drachenfels, le Rocher du Dragon. Personne, bien sûr, ne s'y serait risqué à l'époque. Il n'y avait aucun homme ni aucune femme, aucun enfant ni aucun vieillard qui ne fût à l'abri de sa gloutonnerie. Et comme chacun était livré à sa merci, tous le vénéraient comme un Dieu et essayaient de le rendre indulgent par des offrandes. Mais il exigeait pour cela des sacrifices humains. Comme tribut, il fallait lui apporter chaque année une jeune fille pieds et poings liés devant sa grotte. C'est à partir de ce moment là que les païens de la rive droite du Rhinallèrentfaire une fois l'an la chasse aux jeunes filles sur la rive gauche où habitaient les chrétiens.

Un jour, un jeune homme, monté sur un cheval d'un blanc immaculé, remonta ma rive droite. Il y avait de l'orage dans l'air. Le jeune homme blond s'appelait Siegfried, et il n'était pas de la région. Il était né dans ce plat pays que traverse mon cours inférieur. Un prince franc du nom de Siegmund avait élu domicile dans un ancien camp romain situé au nord de Xanten, sur une petite colline. Et c'est sur ce qui s'appelle aujourd'hui encore le ,,Fürstenberg", la colline du Prince, que son épouse Sieglinde lui donna un fils qu'ils appelèrent Siegfried, en habitués des victoires et des débuts de prénom en Sieg qu'ils étaient.

A peine Siegfried avait-il quitté ses chaussures de gosse qu'il apprit de son père, un guerrier plein d'expériences, le maniement des armes. Et voilà qu'un beau jour Siegfried se mit en route avec l'envie de courir le monde plutôt que de se consacrer aux exercices journaliers à pied et à cheval. Il avait été at-

tiré par les flots qui animent mon lit et il décida de continuer à remonter mon cours. Il fut surpris un jour par la pluie, une pluie diluvienne, alors qu'il se trouvait devant la forge enfumée du Roi des Nibelungen. Siegfried frappa à la porte et quelqu'un vint lui ouvrir. D'un ton plein de révérence, Siegfried dit : ,,Roi des Nains, talentueux prince de la forge et Seigneur des profondeurs riches en minerais, donne-moi l'hospitalité. Le forgeron grisonnant le regarda doucement de ses yeux d'un gris nébuleux. J'aurais déjà besoin d'un compagnon", finit-il par dire d'un ton hésitant. ,,Si tu t'engages pour un an, je suis prêt à t'accueillir sous mon toit. Tu auras toujours de quoi boire et manger." C'est ainsi que Siegfried devint apprenti forgeron.
Il apprit toutes les finesses de l'art des Nains. Mais ce n'est qu'à la fin de son temps d'apprentissage qu'il s'aperçut que le Roi des Nibelungen lui cachait tout ce qu'il forgeait la nuit : de l'or et des bijoux. La méfiance du nain le vexa profondément. Eclatant de colère, il s'empara du plus lourd des marteaux de forge et tappa si fort sur l'enclume qu'elle s'enfonça à dix brasses sous terre. Le nain fut terrifié par la puissance sauvage de Siegfried. ,,Comme tu es fort, jeune héros, fils de héros !" fit-il d'un ton rusé et flatteur. Si j'étais aussi fort que toi, je ferais aujourd'hui encore le long chemin jusqu'au charbonnier d'Heisterbach qui me fabrique dans sa meule de hêtre le charbon de bois dont j'ai besoin pour alimenter ma forge. Mais je ne peux traîner un tel fardeau. Je vais donc te demander d'aller me chercher une hotte de charbon.
Le charbonnier était, comme Siegfried le savait déjà, un géant

d'une force violente, entièrement couvert de suie. Une fois par mois, il se rendait d'un pas pesant à la forge avec une hotte pleine de charbon sur le dos. Mais le nain lui avait fait une recommandation pressante: ,,Si jamais je t'envoie quelqu'un chercher du charbon, liquide-le immédiatement!" Siegfried n'avait, bien sûr, aucune idée de cet arrangement. Ce n'est que lorsqu'il vit le géant lui porter ses grosses mains à la gorge qu'il comprit que le Roi des Nibelungen avait voulu l'envoyer dans un autre monde. Il esquiva l'attaque du géant. Mais le monstre était déjà en train de brandir le tronc d'un chêne vieux de trois cents ans pour écraser Siegfried. Celui-ci se baissa et d'un coup d'épée, cette épée qu'il avait lui-même aciérée et affûtée, il trancha le pied gauche du géant. Le colosse s'effondra. Il se mit à hurler de rage et de douleur. Gisant sur le sol, il balayait l'air de des poings. Son cou était maintenant à la portée du jeune héros. D'un second coup d'épée, Siegfried le décapita. C'est en vainqueur que Siegfried se mit en route pour la forge du traître Roi des Nains. Croyant que son apprenti était mort, il avait sorti toutes ses richesses et les avait amoncelées autour de lui dans un vaste cercle magique. Il voulait enfin se délecter au spectacle de ces trésors qu'il aimait tant. Lorsqu'effrayé, il aperçut devant lui le compagnon qu'il ne croyait pas revoir, il lut son avenir dans le regard fulgurant de Siegfried qui le fixait comme on regarde une infâme vermine. Il n'eut pas même le temps de rentrer la tête dans les épaules. Siegfried le décapita d'un coup d'épée. Le fils de roi entassa le trésor des Nibelungen dans des sacs en cuir qu'il enfouit en attendant sous le sol de la forge.

Parti à la recherche d'une meilleure cachette, Siegfried arriva sur les sommets accidentésdes sept collines. Il recontrie alors des hommes et des femmes qui proféraient à haute voix des malédictions en direction du rocher où demeurait le dragon. C'était le jour précisément où il allait recevoir son tribut annuel. Des guerriers païens revenaient justement en bateau de la rive gauche où habitaient les chrétiens et ramenaient sur la rive droite une jeune fille ligotée qui tremblait. S'adressant aux guerriers, Siegfried leur demanda: ,,Les gens d'en face doivent-ils un tribut? Qu'entendez-vous faire de la jeune captive?" ,,Le dragon, là haut, réclame une victime. Nous devons la lui apporter aujourd'hui encore!" ,,Et c'est elle que vous lui avez destinée?" ,,Oui Seigneur, car c'est sur nos enfants, sinon, que le monstre se rabat!" En regardant la jeune fille en pleurs, Siegfried fut pris d'une colère impuissante. Seul, il ne pouvait libérer la jeune fille. Il n'y avait que la mort du monstre qui pût sauver la malheureuse.
Enveloppée d'une tunique blanche et parée de fleurs, la victime était en train de gravir de force le chemin qui menait à la caverne de l'horrible monstre. C'est alors que le héros Siegfried se mit lui aussi à escalader le rocher du Dragon, en empruntant un chemin plus court et plus abrupte, décidé à arriver à la caverne du dragon avant la victime. Il y parvint, avec une belle avance d'ailleurs. Attisé par l'attente, le dragon lascif entendit des craquements dans les sous-bois. Une odeur de chair humaine lui parvenait plus tôt que de coutume aux naseaux. Tout heureux, il se leva et sortit de sa grotte avec un claquement de langue jouisseur.

Mais une fois sorti, la joie qu'il éprouvait à l'idée des proies faciles tomba. Alors qu'il s'attendait à porter son regard plein de convoitise sur une jeune fille morte de peur, voilà qu'il trouvait devant lui un jeune héros qui semblait vouloir le défier. Après avoir été vénéré dans la plus grande humilité depuis des années, le dragon trouva le spectacle fort peu habituel. Il se ramassa prêt à bondir. Mais à vrai dire, il n'en avait guère envie. Son imposante crête, qui lui allait de la tête jusqu'au bout de la queue, le protégeait de n'importe quel coup d'arme, si tranchante fût-elle. Non, il se ramassait tout simplement pour mieux observer la situation. Il fut pris tout à coup d'une violente colère. Il se mit à cracher par ses naseaux de la fumée d'abord, puis deux jets de flammes. Il essayait, en tournant rapidement la tête de chaque côté, d'atteindre Siegfried.
Siegfried les évita et asséna un violent coup d'épée sur le cou tendu de l'animal féroce. Mais la carapace du dragon était plus épaisse et plus dure que le héros ne l'avait présumé. Il recula d'un bond, et à distance sûre du monstre, il se mit à ramasser à la hâte autant de menu bois sec qu'il put. C'est qu'il avait maintenant une idée de ce que pouvait être le point faible du dragon. Celui-ci finit par sortir entièrement de sa caverne. Il pensait bien, par de grands coups de queue, faire chuter son adversaire. Et de nouveau, deux jets de flammes jaillirent de ses naseaux en direction de Siegfried. Mais au moment où le dragon avait la gueule grande ouverte, une gueule garnie d'horribles dents, Siegfried y lança le petit fagot : le bois sec prit feu immédiatement et le fagot se transforma en brasier. Hurlant de douleur et de rage, la bête essaya de se débarrasser

du fagot en flamme et découvrit pendant un instant la partie souple de son cou. C'est alors que Siegfried lui planta son épée affilée jusqu'au pommeau dans la gorge.
Un flot de sang jaillit de la plaie mortelle. Le monstre n'eut bientôt plus la force nécessaire pour attaquer le fort et habile héros. Pendant un moment encore, le dragon qui s'était affaissé, laboura le sol de ses griffes qui se contractaient convulsivement, le frappa de moins en moins fort de sa queue qui restait encore terrible. Puis le monstre mourut. Et dans le feu que Siegfried continuait à alimenter, la carapace du dragon fondait. Pris par la curiosité, le jeune homme trempa son doigt dans cette masse visqueuse. Il vit, après l'en avoir retiré, qu'il s'était recouvert d'une peau épaisse et dure. Il savait désormais comment se protéger des dangers futurs.
Siegfried se débarrassa à la hâte de ses vêtements et de ses armes, et se baigna dans la corne liquide. C'est au Rocher du Dragon que le héros de Xanten obtint cette peau qui devait le rendre invulnérable. Mais une feuille de tilleul était venue se coller sur sa peau moite de sueur entre les deux épaules. Lorsqu'il s'en aperçut, la masse visqueuse s'était infiltrée entièrement dans le sol. Il ne resta donc plus que cette petite parcelle de peau sur son dos à être vulnérable. Une autre histoire raconte comment le méchant Hagen en eut connaissance et comment il donna à Siegfried un coup d'épée mortel entre les omoplates.
Pendant ce temps, les païens, qui ne se doutaient de rien, avaient amené la jeune captive au pied d'un chêne, un peu avant d'arriver à la caverne du dragon. Ils y attachèrent la mal-

heureuse et voulaient quitter les lieux au plus vite lorsque Siegfried leur barra le chemin. ,,Ayez honte, bande de lâches !" leur cria-t-il. ,,Pourquoi n'avez-vous pas combattu le dragon ? Pourquoi avez-vous accepté de devenir ses serviteurs ?" Ils trouvèrent le reproche injuste. ,,Le dragon est invulnérable, un Dieu que seules des victimes peuvent apaiser" lui répondit d'un ton faussement digne un vieillard à la barbe blanche. Siegfried leur montra alors la tête qu'il avait tranchée au dragon mort. Ils reculèrent en tremblant comme s'ils avaient devant eux un être supérieur.
Resté seul, il libéra la jeune fille de ses liens et la ramena saine et sauve chez son père. Bien que la jeune fille eût aimé le suivre, Siegfried ne l'épousa pas. Il rentra de nouveau à la forge du Roi des Nains. Là, il passa des nuits et des nuits à sortir de la cachette tous les trésors des Nibelungen ; il les transporta péniblement à la caverne du dragon et les y enfouit avant de se remettre en route pour de nouvelles aventures le long de ma rive.

Le Rhin raconte:

LES PETITS NAINS DE COLOGNE

Au temps passé déjà, Cologne avait la réputation de ville sainte. Et celui qui y a compté les clochers d'églises n'aurait jamais l'idée de douter du nom de ,,ville sainte" alors courant à l'époque. Une fois grêles, une fois graves, les cloches, certes, n'ont jamais autant sonné que dans cette ville. Il ne faudrait cependant pas avoir tout son esprit pour affirmer que les habitants de Cologne n'avaient rien de mieux à faire en ce temps-là que de prier et de chanter des chants d'Eglise. J' ai d'eux un souvenir totalement différent : amoureux et dépités, joyeux et chagrins, drôles et rusés, le coeur tendre et la langue bien pendue. Et au moment du carnaval, ils ont toujours été déchaînés, ils l'étaient déjà du temps des Romains et ont à peine changé depuis.
Comment font-ils pour devenir déchaînés ? Je leur ai donné de tout temps bien du fil à retordre avec mes crues. Je ne manque jamais, juste après le solstice d'hiver, de devenir arrogant. Je me rebelle, je ne veux pas rentrer dans mon lit habituel, je m'attaque aux longues chevelures des saules qui longent mes rives, je me retrouve tout à coup dans les ruelles, parfois même mal famées, de la vieille ville, je dévale les escaliers des celliers et viens lécher les tonneaux de vin. Le carnaval de Cologne serait impensable sans mes excentricités.
Il faut dire que le caraval coïncide exactement avec l'époque

où les tonneaux de jeune vin sont mis en perce. Et le jeune vin doit venir de Moselle. Les vins du Rheingau se boivent lorsqu'ils ont bien vieilli. Ces vins-là, on les déguste lentement, avec recueillement, en respirant légèrement leur bouquet, en les buvant à petits traits, en les goûtant avec délice. Le vin de Moselle, au contraire, doit pétiller lorsqu'on le verse dans les verres. Il se boit frais et encore un peu rebelle, et surtout à longs traits. Le vin pour le carnaval doit venir de Moselle, des vastes et profondes caves de Coblence, sur des bateaux ventrus capables de supporter un peu plus qu'un seul tonneau. Je crois que c'est sur un de ces bateaux que les nains de Coblence, où ils avaient joué pendant des siècles aux maîtres de chai et aux tonneliers, étaient arrivés à Cologne. Ici aussi, il y avait d'énormes caves et d'énormes tonneaux pour fournir aux Anglais et aux Scandinaves ce dont ils avaient besoin en vins de messe. Mais ce vin ne devait pas dépasser Cologne sans avoir été vérifié auparavant par des connaisseurs. Ces derniers gardaient au passage les meilleurs vins. C'était un droit qui leur avait été reconnu par écrit.
Les nains savaient que Cologne était un important centre de commerce des vins et qu'il y avait aussi, bien sûr, un carnaval; ils avaient également entendu parler des grands ateliers d'orfèvres de la vieille cité romaine et ils n'ignoraient probablement pas non plus que bien en-dessous des rues, ce n'était qu'un enchevêtrement indiscible de couloirs et de caves mal connues. Toujours est-il que leur premier itinéraire les conduisit dans la ruelle des orfèvres dont l'art, c'est connu, n'a presque plus de secrets pour les nains. Ils voulaient surveiller de très près les

orfèvres pour savoir s'il leur restait encore quelque chose à apprendre ou si les grands maîtres de l'orfèvrerie de Cologne étaient disposés à prendre des leçons auprès d'eux, les nains. Il passe du reste, sous la rue des orfèvres, un tronçon de canalisation romaine qui existe encore aujourd'hui. Il est resté inutilisé depuis le départ des Romains, il y a 1500 ans et constitue une sorte de caverne sombre et sèche, demeure idéale pour des nains. C'est là qu'ils s'installèrent – d'où le nom de la ruelle „Unter Goldschmied", ce qui veut dire en substance „sous l'atelier des orfèvres" – et ne tardèrent pas à se mettre à l'oeuvre.

Curieux comme ils l'étaient, les nains ne purent s'empêcher d'aller inspecter de nuit les ateliers des autres artisans. Là, ils essayaient d'apprendre mille et une choses auxquelles ils n'avaient guère songé lorsqu'ils étaient partis pour aller tenter leur chance à Cologne. Car, dans les temps les plus reculés déjà, Cologne était le centre d'activités artistiques et artisanales les plus diverses, et il n'y avait aucune forme d'art qui ne pût s'y épanouir. Mais comme les nains devaient d'abord passer par le stade de l'apprentissage, ils se limitèrent au début aux activités où ils étaient davantage en mesure, non pas d'arriver à la maîtrise, mais d'apprendre du moins les principales techniques.

Au fil des nuits, ils apprirent à venir à bout des travaux les plus difficiles. Et comme ils n'avaient qu'un désir, passer de la technique à la pratique, ils se divisèrent en groupes et sous-groupes qui allaient, à la tombée de la nuit, s'entraîner et travailler dans les ateliers les plus divers jusqu'au jour où il aurait fallu être aveugle pour ne pas voir les traces de leur passage. Car ils étaient même allés jusqu' à poursuivre, sinon finir, des travaux commencés, et cela à la plus grande joie des apprentis paresseux qui le matin trouvaient fini l'ouvrage qu'ils avaient abandonné la veille, à la plus grande joie aussi des patrons qui dès les premières heures de l'après-midi allaient à la brasserie et laissaient le travail de côté.

Chez les boulangers, tantôt celui-ci, tantôt celui-là, des tas de petits pains et de miches étaient déjà pétris et façonnés, prêts à enfourner quand les garçons boulangers arrivaient au fournil aux premières heures du jour. Chez les charcutiers, la viande et le lard avaient été hachés, mélangés et assaisonnés; les boyaux en avaient été même souvent garnis et n'attendaient plus que la cuisson ou la fumaison. Chez les cordonniers, les invisibles petits nains – ils ne se montraient en effet jamais – avaient déjà découpé les tiges d'empeigne, la toile pour l'intérieur des chaussures, les premières semelles et le cuir de choix pour les semelles; il ne manquait plus que le ligneul et les semences de bois pour assembler le tout. Chez les menuisiers, ils rabottaient le bois des bahuts et des bancs, des tables et des chaises, et lorsque le jour se levait, le pot de colle était déjà en train de chauffer sur le feu et les serre-joint étaient déjà prêts. Chez les tonneliers, les douves étaient sciées, rabottées et assemblées; à côté d'elles, se trouvaient déjà les fonds de tonneaux correspondants; les cercles étaient rivés et ne demandaient plus qu'à être montés. Les brasseurs trouvaient eux aussi leur chaudière à moût en cuivre polie comme un miroir et leur douzième de houblon et de levure déjà pesé. Les petits

nains étaient même parvenus à percer le plus secret des secrets de Cologne : les innombrables extraits de plantes, nécessaires à la fabrication de cette Eau de Cologne délicieusement odorante, étaient préparés, mesurés à la goutte près, dans des petits flacons de verre et des ballons à distiller lorsque le patron entrait dans la distillerie. Il n'était donc pas étonnant que le travail silencieux des petits nains plût aux habitants de Cologne. Et aucun de ceux qui en profitaient n'aurait eu l'idée de leur gâcher le travail, de vouloir les regarder à l'oeuvre ou de les déranger d'une façon ou d'une autre.
A Cologne vivait à cette époque-là un tailleur qui possédait son métier sur le bout des doigts. Il n'était pas seulement un artiste en la matière, il était davantage magicien, un artisan unique en son genre ; il était également Grand Maître de la corporation des tailleurs, gâté par le succès de son labeur, un homme d'humeur capricieuse et très conscient de son talent. Qu'y a-t-il d'étonnant à cela ? Il ne faisait pas à n'importe qui l'honneur de travailler pour lui. Il avait des prix à vous fendre le coeur, et seuls les plus riches pouvaient se permettre de se faire habiller chez lui. Il faut dire que les pantalons et les habits qui sortaient de son atelier étaient impeccables, ils ne faisaient aucun pli lorsque les gens bougeaient, ils n'étaient jamais étroits ni de l'emmanchure ni de l'entrejambe. Sans compter la finesse et le goût avec lesquels l'artisan taillait les cols, cousait les boutons et usait des broderies d'or, l'art avec lequel il faisait des boutonnières et des poches plaquées. Il se servait pour coudre d'un fil fort et résistant de la meilleure sorte, de fils d'or ou, si on le souhaitait et le payait, d'un fil de soie fort

mince et pourtant fort solide. Il connaissait son métier, et il n'était pas le seul à en être conscient – tout le monde le savait. Lorsque les petits nains se jugèrent suffisamment habiles dans l'art de la couture, ils se rendirent une nuit dans l'atelier de ce tailleur. Ils n'en crurent pas leurs yeux. Ils n'avaient encore jamais vu ce qui s'offrait à présent à leurs regards. L'homme était sans aucun doute un magicien, savait coudre des coutures à petits points, des points si petits d'ailleurs qu'il fallait déjà une bonne paire de lunettes pour les voir. Les nains avaient encore beaucoup de choses à apprendre chez lui. Et lorsque les plus courageux d'entre eux se risquèrent à l'imiter, l'atelier trembla le lendemain matin lorsque le tailleur découvrit le travail bâclé dont un apprenti fut accusé bien qu'il s'en défendît de toutes ses forces.

Mais comme il continuait à être tenu pour responsable et qu'il savait très bien ce qu'il avait cousu et ce qu'il n'avait pas fait, il se mit à réfléchir. Dans plus d'un atelier, on parlait alors à voix basse de ces petits travailleurs de nuit. Toute la ville parlait des petits nains bien que personne ne sût qui ils étaient. Et l'apprenti tailleur accusé à tort en arriva à la conclusion que c'étaient les nains qui lui avaient laissé un travail de seconde qualité. S'il voulait faire éclater son innocence, il devait apporter des preuves tangibles. Le lendemain donc, avant de quitter l'atelier, il répandit de la cendre de bois sèche devant sa table de travail. Et le surlendemain matin, il y trouva des petites empreintes bien nettes qui provenaient de pieds minuscules. Il avait maintenant le fin mot de l'histoire.

En voulant aller chercher balai et balayette, l'apprenti tomba nez à nez avec l'épouse du tailleur. En maîtresse de maison fort soucieuse de propreté, elle se demanda ce qu'il pouvait bien y avoir à balayer de si bonne heure et voulut voir elle-même ce qu'il en était. C'est ainsi qu'elle découvrit le secret des visiteurs noctures de l'atelier. Mais cela ne lui suffisait pas d'avoir seulement vu des traces de pieds. Elle voulait savoir exactement comment ils étaient faits, quelle allure ils avaient, s'ils étaient habillés ou non – bref, tout ce que les femmes veulent encore savoir en pareil cas. Le compagnon se vit donc obligé de lui raconter dans tous les détails ce qu'il avait vu et entendu. Mais comme l'apprenti n'avait vu jusqu'à présent que leur travail, elle décida de chercher elle-même à voir les petits cachottiers.

Le soir même, la femme du tailleur éparpilla des pois secs sur chaque marche de l'escalier et se cacha avec une lampe dans un petit réduit à côté de la pièce d'atelier. Les petits nains sortirent comme de coutume à minuit de leur grotte souterraine pour monter à l'atelier. Mais alors qu'ils s'apprêtaient à gravir l'escalier, ce fut tout à coup la glissade générale sur les petits pois.

Quelles ne furent pas leurs plaintes et leurs lamentations ! Et lorsque de surcroît la femme du tailleur vint ouvrir brusquement la porte et éclaira l'escalier de sa lampe, les petits nains disparurent en coup de vent. La curiosité de la femme du tailleur ne fut point satisfaite. Mais les nains, eux, avaient été effarouchés. Jamais plus il n'en est entré un seul dans l'atelier d'un artisan de Cologne. Les habitants de cette ville, pourtant, ont construit en leur souvenir la „Heinzelmännchenbrunnen", la fontaine des petits nains, que l'on peut encore voir de nos jours dans la rue „Am Hof".

LE VOYAGE EN BATEAU À COLOGNE DE SAINTE URSULE

Autrefois la ville sainte de Cologne a eu près de cent églises et chapelles. Chacune d'entre elles était consacrée à son saint propre, mais chacune ne pouvait avoir un saint pour elle toute seule : il y avait plus d'une demi-douzaine d'églises Sainte Marie. Les Colonais avaient de toute façon un faible pour les saintes. C'est pour Sainte Ursule que je le comprends le mieux. Dès le début de notre connaissance, elle m'a paru être quelque chose de spécial.

C'était il y a quinze ou seize cents ans lorsqu'un bateau de construction anglaise s'approcha en venant de la Mer du Nord vers une de mes bouches. Il n'y a rien à redire à cela. Des bateaux anglais contenant des harengs salés l'ont fait continuellement avant et après. Mais celui-ci arriva majestueusement avec une voile de pourpre richement brodée. Il n'appartenait pas à un marchand de poisson, c'était un bateau royal. Je m'apprêtais à entendre les expressions fortes en vieil anglais que l'on me lancerait cette fois comme d'habitude lorsque les rondeurs de la voile gonflée de vent seraient saisies par mon courant. Mais la manoeuvre de la voile que l'on devait alors faire marcha parfaitement sans jurons. Ce sont des „gens bien", pensai-je plein d'admiration. Pour faire cela aussi habilement, ce ne peut être qu'une équipe de grande classe.

En regardant de plus près je crus rêver. Tous les corsages des matelots étaient bombés de façon significative à la hauteur de la poitrine. Même le gouvernail était dans des mains féminines. L'équipage entier était composé de vierges, de douze belles jeunes filles minces aux cheveux longs. Seulement il faut savoir ceci : comme dans le monde entier, la navigation sur mes eaux a été de tous temps uniquement une affaire d'hommes. Les femmes des mariniers restaient tranquillement à la maison. Le travail à bord était bien trop rude, d'après ce que j'entendais toujours dire. Un bateau avec un équipage uniquement féminin était donc une grande nouveauté pour moi, quelque chose d'incompréhensible, la transgression des coutumes et des convenances, comme on ne peut en trouver une autre.

Et pourtant les jeunes filles se montraient très habiles dans le maniement de la voile et du gouvernail. Elles passèrent avec élan mon courant sans le moindre juron et même elles allaient vite. Je n'ai jamais revu quelque chose de semblable depuis. Et en plus, j'ai remarqué chez elles leur chance avec le vent et le temps. Elles semblaient parées contre l'eau trop basse et elles n'ont pas eu besoin une seule fois de payer des chevaux de halage. Comme magiquement, elles évitaient les tourbillons gênants et les contre-courants avec lesquels j'aime ennuyer les mariniers et les faire entrer en rage. Aucun mot plus fort l'un que l'autre ne leur vint aux lèvres et j'ai appris pourquoi : c'est parce qu'elle n'en connaissaient aucun et qu'elles étaient des meilleures familles ! Leur capitaine était en personne fille de roi. Elle se prénommait Ursule, ce qui veut dire ,,petite ourse". Pour une jeune fille aventureuse, je trouve que c'est un nom qui va bien. Ses onze compagnes aussi étaient si fières de leur virginité, qu'elle venaient exprès à Cologne pour la donner à de jeunes chrétiens. C'étaient vraiment de bonnes chrétiennes.

On disait déjà des Colonais il y a deux mille ans qu'ils avaient un coeur pour les femmes. L'eau odorante et rafraîchissante que l'on a inventée ici et qui est célèbre dans le monde entier doit déjà avoir eu des prédécesseurs au temps des Romains. Sinon pourquoi aurait-on soufflé du temps de l'Antiquité dans les verreries de Cologne toutes les petites bouteilles et les flacons que l'on trouve aujourd'hui dans le monde entier ? Les dames d'Angleterre aussi bien que d'Espagne et d'Italie le savaient. La princesse anglaise était donc sûre d'arriver en de bonnes mains, là où elles voulaient aller. Heureusement qu'elle ne pouvait pas se douter que l'on construirait très bientôt à Cologne en son honneur une maison de Dieu. La croyance à laquelle était attachée Ursule refuse cet honneur aux vivants, même s'ils sont beaux, jeunes, minces et de sang bleu.

C'était un long voyage joyeux pour mes hôtes d'Angleterre et elles en ont eu beaucoup de joies. Alors qu'elles navigaient à travers la Hollande, les ancêtres des Mijnheers les saluaient des ailes de leurs moulins à vent ; en Allemagne c'étaient sur ma rive gauche les Romains et sur ma rive droite les premières troupes avancées de Francs qui agitaient des chiffons de couleur et des cruches à la panse pleine. Tout était plaisir et bonheur jusqu'à ce que le bateau couronné et décoré de drapeaux

s'attache sur les rives de Cologne sous les créneaux du puissant mur d'enceinte.

Et là se termina le voyage heureux. Car à l'horreur des pieuses jeunes filles, celles-ci trouvèrent à leur arrivée de méchants paiens qui étaient devant la ville, non pour lui rendre visite, mais pour l'assiéger. Ils voulaient prendre du butin : de l'or, des bijoux, des habits précieux, de l'argent, des biens, des tonneaux remplis de vin, des jambons fumés. Ils voulaient des meurtres et des incendies, car ils regardaient depuis déjà trop longtemps de dehors les hauts murs solides et ils recevaient pour chaque flèche qu'ils tiraient deux ou trois flèches en retour, dont l'une les atteignait. Ils étaient amers, avides et prêts à n'importe quelle action honteuse.

Ce qu'ils se promettaient des jeunes filles anglaises n'allait pas dans le sens du voyage en bateau d'Ursule. Celui des paiens qui touchait les jeunes filles recevait un coup sur les doigts et cela n'allait pas dans le sens des assiégeants. Comme ils n'arrivaient pas à leurs fins, ils virent rouge et saisirent leurs armes. Une flèche toucha Ursule à son cou mince. Puis le massacre devint général et seule la mort sauva les jeunes filles de l'outrage et de la honte. Les Colonais regardaient les meurtriers sans pouvoir faire quoi que ce soit. Ils étaient trop faibles pour tenter une sortie et ils pouvaient seulement pleurer la mort des jeunes filles et maudire leurs meurtriers.

Et cette malédiction s'est réalisée. Les paiens avaient assouvi leur soif de sang. Ils ne pouvaient pas venir à bout des solides murs de la ville. La disette et les épidémies se répandirent parmi eux. Leurs pertes en hommes grandirent à l'infini. En plein jour ils avaient ramé en remontant mon cours sur de fiers bateaux à tête de dragons, et en pleine nuit les rares qui restaient en vie se sont assis sur les bancs des rameurs et se sont laissé dériver en descendant mon cours. La ville était sauvée, la mort des jeunes filles était devenue la perte de leurs meurtriers.

Les Colonais avaient des raisons d'être heureux et tels ils sont, ils se réjouissaient de façon débordante. Ils ont élevé Ursule et ses onze jeunes filles à la dignité de martyres de leur foi, de saintes, ils ont recueilli leurs ossements, les ont sertis d'or, d'argent et de pierres précieuses. Encore avant l'an quatre cents ils ont construit dehors, devant la ville, où d'après la coutume romaine il y avait les tombes et les caveaux, un lieu de vénération pour les pauvres victimes de la soif de sang des païens. La simple chapelle devint un lieu de pélerinage et continua de grandir.

Avec le nombre des adorateurs, grâce à la piété célèbre du Moyen-Age, grandit aussi le nombre des jeunes filles de façon fabuleuse. Ainsi les onze compagnes vivantes de Sainte Ursule sont finalement devenues onze mille jeunes filles mortes. Car, même en plein Moyen-Age, personne n'aurait cru les Colonais s'ils avaient dit qu'il y avait onze mille jeunes filles vivantes. Sainte Ursule a été élevée par les Colonais à la dignité de patronne de la ville et onze queues d'hermine immortalisent dans les armes de la ville de Cologne la mémoire des pieuses jeunes filles.

Le Rhin raconte:

LOHENGRIN,
LE CHEVALIER AU CYGNE DE KLEVE

Pourquoi le château de Kleve s'appelle-t-il ,,Château du Cygne"? C'est la question que se posent souvent les visiteurs étrangers. Le nom et l'oiseau des armes du château sont très vieux. Ils rappellent le malheur et le bonheur de la fille d'un duc de Brabant. Ce château a été le témoin de son destin. Elsa, ainsi qu'elle s'appelait, a grandi là et a perdu, à peine était elle majeure, en peu de temps ses deux parents. Peu après mourut aussi son plus jeune frère d'une grave maladie.
Le cupide Frédéric de Telramund, qui était de très loin connu et craint comme le chevalier le plus fort, était jaloux de sa richesse. Il se demandait comment il pourrait s'approprier le château. Il ne pouvait pas se présenter comme prétendant, car il était marié avec une sombre beauté prénommée Ortrud. Mais il trouva un moyen de s'emparer de la couronne ducale de Brabant: devant le trône du roi allemand il accusa faussement Elsa d'avoir tué son frère. Elsa était indignée, mais elle ne pouvait pas prouver le contraire. Elle supplia ses chevaliers de lui porter aide et secours. Mais c'était en vain, car aucun n'osa entreprendre un duel contre Telramund. C'est pourquoi le roi dut prendre une décision. Il exigea d'Elsa qu'elle prouve avant trois jours son innocence ou qu'elle présente un chevalier pour défendre son honneur contre Telramund. Si

elle ne réussissait à faire ni l'un ni l'autre, sa culpabilité serait prouvée.
Alors lui apparut en rêve un sauveteur, porté par mes vagues. Mais le troisième jour son espérance décrut d'heure en heure. Trois fois déjà le héraut avait appelé pour que l'on défende son innocence. Bientôt le soleil allait se coucher et, désespérée, elle se tenait sur ma rive entourée de ses dames d'honneur. Bientôt le délai serait passé et le héros dont elle avait rêvé n'avait toujours pas apparu. Le comte Telramund triomphait déjà, car il était sûr d'obtenir le manteau ducal. Elsa pleurait et priait.
Le vent a porté l'un de ses rêves brûlants là où l'on trouve de l'aide pour ceux qui sont dans l'embarras. A l'endroit sacré douze paladins entouraient le Saint Graal, la coupe d'or pur et de cristal qui avait jadis recueilli le sang du Seigneur au pied de la Croix du Christ. Chaque fois un de ces douze chevaliers doit voler anonymement sur les ailes du vent au secours d'un innocent qui appelle à l'aide en priant. Une goutte de douleur indique au sauveteur la direction et le chemin.
C'est ainsi qu'au premier coup de l'heure dans la soirée les deux arbitres mandés virent apparaître majestueusement sur l'eau un équipage bizarre. Un cygne blanc comme neige était attelé devant une barque dorée. En son milieu se tenait un jeune chevalier cuirassé d'argent, qui portait sur la tête un casque avec l'emblème d'un cygne. Il s'appuyait de ses deux mains sur son épée. Au sixième coup de l'heure de la soirée, il s'avança sur le rivage et plia le genou devant Elsa pour la saluer. Elle n'osait pas le regarder, mais elle lui présenta quand

même sa main tremblante. Telramund pâlit. Il tira rapidement son épée de son fourreau pour attaquer son adversaire inattendu. Celui-ci évita le coup avec facilité et là, Telramund reconnut que l'inconnu qui portait l'emblème du cygne était de force à se mesurer avec lui. Il s'agissait maintenant pour tous les deux de montrer leur art de se battre. Telramund attaquait sans cesse de nouveau. Le chevalier au cygne se laissa harceler sur la défense. Il attendait son moment qui vint lorsque Telramund s'approcha trop près de lui. Le chevalier au cygne lui ôta alors la lame de la main et le jeta lui-même au sol avec la bosse de son bouclier. Il lui mit alors la pointe de son épée sur la gorge : ,,Reconnais que tu as menti", lui dit-il. Telramund dut reconnaître qu'il avait accusé faussement la fille du duc du meurtre de son frère. Elsa fut lavée de toute culpabilité. Par contre Telramund fut banni et dut quitter le pays.

Elsa voulut se jeter aux pieds de son sauveteur pour le remercier, mais il ne le toléra pas. Lorsqu'il lui saisait le bras pour s'en défendre, elle se sentit envahie par un sentiment d'une force extraordinaire qu'elle n'avait jamais connu. Cela a dû être la même chose pour lui. Ils se regardèrent dans les yeux et surent qu'ils étaient destinés l'un à l'autre. Le chevalier au cygne embrassa ses cheveux et ils se jurèrent une fidélité indéfectible. Et pourtant elle ne savait même pas son nom ! Avant qu'elle ne pût se renseigner, il la conjura par tout ce qui lui était cher de ne jamais lui demander son nom ni d'où il venait. Elle le lui promit solennellement. Lorsque tous les deux se présentèrent devant l'autel pour célébrer leurs noces, on ne révéla pas le nom du fiancé.

Ils vécurent quelques années au château, heureux et satisfaits. Elsa avait donné trois fils à son chevalier au cygne. Puis elle se posa la question de savoir ce qu'elle pourrait bien répondre si ses fils voulaient connaître le nom de leur père. Mais elle n'osa pas demander quoi que ce soit et cela resta ainsi les années suivantes, bien qu'elle eût souhaité ardemment trois fois pouvoir dire à ses fils le nom de leur père. C'est alors qu'Ortrud, l'épouse de Telramund le banni, vit que le temps de la vengeance était arrivé. Déguisée en religieuse devant la chapelle du château, elle prit par la main le fils aîné âgé de six ans du chevalier au cygne et elle lui demanda comment il s'appellait. Cela, il sut très bien le dire. Alors elle continua à lui demander le nom de son père et de sa mère. L'enfant nomma tout de suite Elsa sa mère. Mais le nom de son père ne lui vint pas aux lèvres. La religieuse commença alors à se lamenter très fort: ,,Un enfant si intelligent et si beau ! et qui n'a pas de père !" Le petit garçon la regarda horrifié. Puis il courut voir sa mère et voulut qu'elle lui dise le nom de son père. Mais elle ne put rien dire. Sous des déguisements différents Ortrud répéta encore plusieurs fois ce jeu perfide.
Le désir de savoir, qu'elle avait refoulé depuis si longtemps s'éveilla en Elsa. ,,Les pauvres enfants", se persuada-t-elle, ils ne peuvent même pas savoir le nom de leur père !" Encore une fois elle étouffa sa question, bien que ce fût difficile. Et une fois de plus Ortrud qui enviait le bonheur d'Elsa ne fut pas satisfaite. Mais lorsque la fois suivante on posa la question aux deux aînés et lorsqu'ils ne purent ni l'un ni l'autre dire le nom de leur père, la marchande – qui n'était autre qu'Ortrud –

éclata d'un rire méchant: ,,C'est que vous avez un vaurien venu d'on ne sait où pour père et que votre mère ne veut pas vous le dire, Ha, ha, ha !" En pleurant les enfants retournèrent vers leur mère et son coeur se brisa.
Après une nuit blanche elle adressa le matin à son époux chéri la question fatale : ,,Au nom de nos fils, comment t'appelles-tu ? Et d'où es-tu venu ?" Il la fixa du regard et porta la main à son coeur : ,,Le bonheur ! Notre bonheur ! Le voilà en morceaux ! Tu n'avais pas le droit de poser la question, tu le savais bien. Je vais te répondre, mais après il faudra que je te quitte !" – ,,Non ! Tais-toi !" supplia Elsa. Mais il continue : ,,Sache que, dans un pays lointain qu'aucun de vous ne peut atteindre, s'élève un château qui s'appelle Montsalvat. Dans le milieu brille une claire maison de Dieu, plus belle que tout ce qui a jamais été construit sur cette terre. Et cette maison recèle comme trésor le plus grand : le Saint Graal. Douze héros vigoureux sont les élus qui doivent le défendre. Ils sont aussi prêts à accorder leur aide aux innocents qui prient pour qu'on les secourent. Le roi Parsifal règne sur eux et le Saint Graal accorde une force merveilleuses à tous ceux qui le servent. Mais personne ne doit oser leur demander leur nom et sur l'ordre de qui ils viennent. Ils doivent quitter celui qui les reconnaît."
,,Non ! reste près de moi", pleura Elsa. Il finit et sa voix semblait déjà venir d'un autre monde : ,,J'ai été envoyé du Saint Graal et mon père est le roi Parsifal. Moi qui suis son chevalier, on m'appelle Lohengrin !"
Alors qu'il prononçait ses mots, le cygne arriva en nageant. Il était attelé à une barque dorée qu'il tirait derrière lui, comme il

y avait bien de années, qui avaient été heureuses. A peine le bateau était-il arrivé sur la rive que Lohengrin y sauta. Tout de suite le cygne se mit à nager. Lohengrin ne jeta pas un regard en arrière en s'en allant. Elsa désepérée avait couru sur ma rive derrière lui. Mais elle ne pouvait plus l'atteindre. Elle rentra brisée au ,,château du cygne". Elle n'a plus jamais revu Lohengrin, bien qu'elle soit revenue tellement souvent sur ma rive dans l'espoir vain que je le lui rendrais peut-être.
Ses trois fils sont restés sa seule joie. En eux se sont développées de grandes vertus chevaleresques. Ils ont transmis à d'autres familles leur force et leur sagesse. Ils ont tous porté le cygne dans leurs armes et se sont nommés fièrement ,,Chevaliers au cygne".

L'ÉCHEC DES GÉANTS D'ELTEN

Les géants sont des créatures du destin, dit-on, et ils l'étaient vraiment dans les temps anciens, pas seulement pour moi, mais aussi pour les hommes. Un ami à cheveux blancs qui a beaucoup voyagé m'a ouvert les yeux à ce sujet. Je lui dois beaucoup et en particulier je lui dois maintes histoires que je raconte ici sans les avoir moi-même vécues. Il me raconta qu'autrefois les géants gardaient les entrées des églises et des mairies, les endroits où siégeaient les tribunaux et qu'ils étaient là où des artistes qui possédaient le pouvoir de transformer, épousaient des formes étrangères et vous transportaient dans un autre monde. A l'extérieur et à l'intérieur des églises on les a souvent peints sur les murs près de la porte en Saint Christophe immenses et aussi, prétend mon ami, comme à la cathédrale de Cologne où une figure géante se tient appuyée à une colonne intérieure. Près des tribunaux et des mairies se dressait le géant Roland, devant le Théâtre du Globe du grand magicien Shakespeare à Londres c'était le géant Atlas qui portait le globe du monde, ce qui donna son nom au théâtre. Le géant veillait à l'accès des ponts comme Roland de Prague était au pont Charles ou comme le saint difforme gardait la sortie du pont Saint Séverin à Cologne. J'ai entendu dire que depuis deux mille ans les deux géants Castor et Pollux montaient la garde à l'escalier qui mène au Capitol et comme deux géants sans nom le font depuis cinq cents ans à l'immense escalier conduisant au Palais des Doges à Venise. C'est ce que me raconta mon ami et il savait encore beaucoup d'autres exemples à ce sujet.

Cela me traversa la tête lorsque je dus repenser à ce qui s'est passé entre les géants d'Elten dans des jours lointains, je ne sais plus quand. En ce temps là la porte qui permet d'aller en Hollande était gardée par des géants, car cette frontière est plus vieille que les états ne le sont jamais devenus : elle sépare et réunit deux paysages. Mais les géants, vous devez le savoir, ont les pensées un peu lentes. D'un autre côté ils n'abandonnent pas si facilement ce qu'ils s'étaient imaginés, même si l'on essaie de leur faire entendre raison ; on récolte l'ingratitude et l'on n'obtient rien.

Donc les géants d'Elten à mon cours inférieur étaient arrivés, après avoir pensé laborieusement, à la conclusion que moi, le Rhin, je leur enlevais d'année en année plus de terre fertile pour la porter jusqu'à la Mer du Nord. Tout ce que je leur apportais tous les ans comme graviers, sable et boue fertile, ils ne le voyaient pas ou ne voulaient pas le voir. Ils fermaient les yeux là dessus car ils cherchaient la dispute et celui qui cherche la dispute trouve toujours une bonne raison.

Mais mes yeux se mouillèrent lorsqu'ils commencèrent à me barrer le chemin. Toutes les nuits ils apportèrent des pierres des îles de Frise, car c'était autrefois une chaîne de falaises comme aujourd'hui encore dans le Helgoland et ces falaises protégeaient la côte hollandaise plus sûrement des raz de marée que toutes ces digues construites aujourd'hui de main d'homme. Donc les géants entassèrent d'abord comme il faut

les pierres en un tas étonnant, pour les déverser plus tard en un barrage puissant à travers mon lit.
Mais ces balourds ne savaient heureusement pas que m'accompagnaient des courants d'eau souterraine vastement ramifiés, qui m'obéissaient comme des fils. Mais ils devaient encore l'apprendre. Car lorsque le premier d'entre eux comme une montagne qui marche arriva vers moi, le dos ployant sous les pierres, le sol de graviers lui manqua tout à coup sous les pieds. Il commença à vaciller, à glisser, à trébucher, à buter et à perdre l'équilibre et avant qu'il n'ait pu se ressaisir, il dut boire de l'eau souterraine plus qu'à sa soif. Il en alla de même avec le prochain et avec celui d'après, jusqu'à ce que l'un des suivants dût admettre, plein de colère, que leur projet de barrer mon cours n'était pas réalisable et ne le serait jamais. Comme celui qui subit un dommage n'a pas besoin de faire d'efforts pour qu'on se moque de lui, la Hollande toute entière se rit d'eux, car même les grandes pertes dont ils étaient responsables, car ils avaient détruit les falaises, même ces pertes ont pu être surmontées par les habiles constructeurs de digues, certes avec beaucoup de peine et de frais.
Il n'est resté de l'attentat manqué des géants qu'un énorme tas de pierres au milieu de la plaine, à côté du lieu nommé Elten. Aujourd'hui encore mon coeur bat plus fort lorsque je passe devant ce monument de la balourdise géante. Les géants, quant à eux, eurent tellement honte qu'ils auraient préféré se cacher dans un trou de souris. Mais comme ils étaient trop grands pour cela, ils s'en allèrent lourdement et disparurent pour toujours.

Pour fêter cela des femmes pieuses firent construire sur l'énorme tas de pierres qui s'appelle ,,Hochelten" une magnifique église en l'honneur de Dieu. Elle existe aujourd'hui encore et appelle avec ses cloches tous les hommes de bonne volonté à monter vers elle. Les cloches me saluent aussi lorsque j'arrive près d'Elten où même les géants n'ont pas réussi à m'arrêter. Je continue à couler ...

Votre ami et compagnon de voyage
LE RHIN